谨以此书庆祝中国共产党成立100周年

何以成为
独特优势

党的基层组织建设九讲

刘国胜 著

Liu Guosheng

学林出版社

"人心民心是最大的政治"

2020 年夏末，学林出版社约我写一本关于党的建设方面的书，迎接中国共产党成立 100 周年。当时，我正埋头做"鲁迅'立人'思想今读系列"丛书之六《我自爱我的野草——鲁迅人生哲学今读》的收尾工作，还打算接着开始酝酿丛书最后一本《应该改换些态度和方法——鲁迅方法论今读》的创作。但我并没有多犹豫，就答应了邀约。作为一名入党近 50 年，曾经长期从事党建工作的共产党员，在建党 100 周年之际，面对党的建设的现状，心中确实也有些话想说。

书该怎么写呢？经过 20 多天反复思考，边想边写，到"十一"国庆长假期间，形成了三点想法。第一，定位于写党的基层组织建设。这是我比较熟悉的领域。对于大党建，我虽不能说陌生，但并未下功夫作过深入研究。1998 年主编过《社会主义新时期党建教程》，拟订了该书的写作提纲，多次主持集体讨论，对各章节初稿提出修改意见，但自己执笔只写了前言，各章节内容都是由中共上海市委党校的教授、副教授们写的。第二，借用"讲"的方式、与读者谈心的方式写。党的十八大以来，一些省、自治区和市委党校、干部学院，一些地方的组织部门、国有资产监督管理部门，一些基层单位（大都是国有企业、特别是中央企业），请我作了不少党的基层组织建设方面的讲座。考虑到少与党建理论专家和现职党委书记们所讲内容重复，话语表述也尽量避免雷同，我往往不是面面俱到地解读相关的中央文件和习近平总书记的讲话精神，而是结合自己几十年党建工作的实践经验谈学习心得，推介一些行之有效的做法，本书的写作想保持这种风格。在章节安排及内容展开上不刻意追求齐整，有话则长，无话则短。第三，体现问题导向。2012年召开的党的十八大以来，以习近平同志为核心的党中央全面推进从严治党，党的基层组织建设在规范化方面取得重大进展，"弱化、淡化、虚化、边缘化"倾向得以扭转。当前需要解决的突出问题是形式主义、官僚主义的干扰，以增强工作的有效性。这方面，基层单位有强烈呼声，党中央也十分重视。但形式主义、官僚主义既是宿疾，又添新病，要根治相当不易，我想在寻求"良方"方面贡献自己的些许心得。

2017年10月18日，习近平在党的十九大报告中强调指出："把党的政治建设摆在首位"，"以党的政治建设为统领"；要求党的基层组织建设"突出政治功能"[①]。突出政治是报告的鲜明特点，这里，首先要解决好对"政治"的理解。关于政治的解说不下十多种。怎么认识政治的本质？毛泽东指出："一切问题的关键在政治，一切政治的关键在民众，不

---

① 本书编写组编著：《党的十九大报告辅导读本》，人民出版社2017年版。以下引用党的十九大报告的内容，不再注释。

解决要不要民众的问题，什么都无从谈起。"①"政治的问题主要是对人民的态度，看你是想和老百姓做朋友还是要站在老百姓的头上压迫他们。"②我以为，这样来诠释"政治"，就是从政治本质角度。习近平在中国人民政治协商会议全国委员会 2014 年 12 月 31 日举行的 2015 年新年茶话会上指出："问题是时代的声音，人心是最大的政治。推进党和国家各项工作，必须坚持问题导向，倾听人民呼声。"他在 2016 年 1 月 12 日召开的第十八届中央纪律检查委员会第六次全体会议上指出："民心是最大的政治，正义是最强的力量。"③他反复强调"以人民为中心"，在十九大报告中指出："必须坚持以人民为中心的发展思想，不断促进人的全面发展、全体人民共同富裕。""人心民心是最大的政治"，这是对政治本质言简意赅的揭示。党的十九大的主题，当头八个字是"不忘初心，牢记使命"。"中国共产党人的初心和使命，就是为中国人民谋幸福，为中华民族谋复兴。"可见初心与人心民心相连。党的基层组织建设，理应把握政治的本质，紧紧围绕人心民心来做工作。这不仅是因为得人心民心者得天下，更是因为中国共产党得天下的根本目的就是全心全意为中国人、中国人民服务。

本书书名《何以成为独特优势——党的基层组织建设九讲》，按照《现代汉语词典》的解释，"何以"有两层含义，一是指"为什么"，一是

---

① 《毛泽东文集》第三卷，人民出版社 1996 年版，第 202 页。
② 中共中央文献研究室编：《毛泽东年谱（1893—1949）（修订本）》中卷，中央文献出版社 2013 年版，第 79 页。
③ 《人民日报》2015 年 1 月 1 日、2016 年 1 月 13 日。

指"用什么"①。从第一讲到第三讲，主要讲党的基层组织建设为什么成为独特优势，取"何以"第一层含义。第一讲"在理论与历史和现实之间"，从马克思主义党建理论重视党的基层组织建设的特点讲起，回顾中国共产党重视基层组织建设优良传统的形成，分析在百年未有之大变局的新形势下，加强党的基层组织建设的极端重要性，阐明这是中国的独特优势。第二讲"把党的领导落实到基层"，讲负有领导责任的党的基层组织，如何发挥领导作用；党的十九届四中全会作出推进国家治理体系和治理能力现代化的重大部署，在新的历史条件下，党的基层组织如何正确处理与基层其他治理主体的关系。第三讲"聚焦于'根'和'魂'"，是第二讲的延伸，分析技术、制度和人的关系，讲怎么准确认识中国共产党章程（以下简称党章）规定的党的基层组织的工作对象和工作内容，做到工作到位而不越位；阐述基层党组织在基层单位事业发展中的重大价值——独特优势在基层的直接体现。从第四讲到第七讲，主要讲怎么把独特优势真正发挥出来，也就是党的基层组织建设用什么来成为独特优势，或者说怎么做才能成为独特优势，取"何以"第二层含义。第四讲"党建工作与业务工作深度融合"，以党的基本路线为依据，讲党的基层组织建设的基本工作思路；花较大篇幅，力求深层次地批判形式主义、官僚主义，提出对它不仅要敢于斗争，还要善于斗争。第五讲"建设高素质专业化干部队伍"，讲"232"结构的领导力七个核心要素（使命感、自我管理、决策、执行、育人用人、文化创新、方法优化），选人用人的"三个导向"（需求、价值

---

① 中国社会科学院语言研究所词典编辑室编：《现代汉语词典（第 7 版）》，商务印书馆 2019 年版，第 526 页。

观、业绩导向）和"双优化"（优化个体素质、群体结构），提出深化干部制度改革大有文章可做。第六讲"反腐败斗争须在治本上下功夫"，讲基层党组织要守住不发生严重违纪违法案件的底线，通过落实党委的主体责任，完善道德建设、制度建设、监督和纪律建设机制，掌握党风廉政建设和反腐败斗争主动权。第七讲"使服务成为基层党组织建设的鲜明主题"，讲建立以"八个人"（尊重人、了解人、关心人、提高人、规范人、激励人、依靠人、凝聚人）为主要内容的服务群众工作机制；讲辩证认识人才问题，建立共创共享的知识管理平台，营造人人都可成才和发挥才能的环境。第八讲"让'基础'和'主体'充满生机和活力"，介绍周恩来和陈云有关党支部建设的论著的主要内容，讲党委要加强和改进对党支部的领导；讲党支部建设要在组织"全覆盖"、活动"规范化"的基础上做到工作"有实效"，成为党员、群众的主心骨；讲党员队伍建设要把要求党员履行义务和保障党员权利一致起来，大目标要具体化为每个党员的小目标。第九讲"党委书记是关键"，主要结合自己多年的工作实践，谈如何当好基层党委书记，讲党委书记要提高政治、人文和业务三大素养，做自我管理的表率；谈学习周恩来《我的修养要则》和毛泽东《党委会的工作方法》的体会。对于"何以"两层含义的区分是相对的，"为什么"和"用什么"相辅相成，相得益彰。

党章第三十二条规定："党的基层组织是党在社会基层组织中的战斗堡垒，是党的全部工作和战斗力的基础。"[1] 我党成立百年来，在基层组织

---

① 本书编写组编著：《十九大党章修正案学习问答》，党建读物出版社 2017 年版。

建设方面积累了丰富经验。党的十八大以来，前所未有地重视和加强党的基层组织建设。党的十九大对党章作出重要修订，增写的两条，一条是党支部建设；党章对国有企业党组织的定位作了重大调整。十八大以来，中共中央先后制定或修订了《中国共产党支部工作条例（试行）》（2018年10月28日颁布，以下简称《党支部工作条例》）、《中国共产党农村基层组织工作条例》（2018年12月28日颁布）、《中国共产党党员教育管理工作条例》（2019年5月6日颁布）、《中国共产党党和国家机关基层组织工作条例》（2019年11月29日颁布，以下简称《党和国家机关基层组织工作条例》）、《中国共产党国有企业基层组织工作条例（试行）》（2019年12月30日颁布，以下简称《国有企业党组织工作条例》）、《中国共产党基层组织选举工作条例》（2020年7月13日颁布）和《中国共产党党员权利保障条例》（2020年12月25日颁布）等一系列关于党的基层组织建设的法规。可以说，加强党的基层组织建设，有了非常好的舆论环境和制度环境。我们理应有勇气和智慧，与长期以来困扰我们的形式主义、官僚主义大敌作坚决斗争，而不至于可悲甚至可笑地成为它的俘虏。我们理应充满自信地把党的基层组织建设的独特优势真正发挥出来！

在理论与历史和现实之间

怎么认识党的基层组织建设的重要性？对许多人来说，较长一段时期以来，是一个没有解决好的问题，主要表现在对基层党组织建设不够重视。且不说20世纪50和60年代，党中央领导反复批评这种现象；即使进入新世纪后，在不少人的思想深处，这个问题仍没有得到解决。以国有企业党建为例。2003年，我到宝钢集团有限公司（以下简称宝钢）任党委书记、副董事长。记得当年上半年，中央组织部部务委员刘是龙带了一个调研组来宝钢调研。20世纪90年代我在上海市委组织部任副部长时，是龙同志是中组部研究室主任，工作上有来往，彼此间有所了解。调研中，他直截了当地问我：说国有企业党组织是党执政的基础，很好理解；但党组织与企业自身发展有什么关系，许多人不理解，你能否谈谈看法？类似发问，我在其他场合也听到过。有一次我去北京参加一个会议，在京西宾馆的电梯里，某省的省委常委、组织部长问我：企业为什么要设党组织？

党的十八大以来，尤其是党的十九大以来，以习近平同志为核心的党中央全面从严治党动真格，反复强调党的基层组织建设重要性，并且从制度建设入手采取了一系列有力措施来加强基层党组织建设。应该看到，人们在新的政治生态和新的实践中认识有提高，但问题并非已完全解决。譬如，有些党务工作者工作比较被动，对基层党建工作为做而做，容易受形式主义、官僚主义牵制，工作做了不少，却未取得多少实效。这种情况的产生，与他们思想深处没有真正认识到党的基层组织建设的重要性直接有关。做任何工作，只有充分认识其重要性，才能有自觉性、积极性、主动性和创造性。所以，讲党的基层组织建设，还得从重要性讲起。

一、理论引领：从"一事无成"到"无所不能"

高度重视党的基层组织建设，是马克思主义党建思想的一条重要原则。恩格斯 1885 年在《关于共产主义者同盟的历史》中，谈到 1847 年马克思和他在对同盟的前身组织进行改造、创建共产主义者同盟时，明确指出：同盟"是由支部、区部、总区部、中央委员会以及代表大会构成的"[①]。也就是说，同盟是由中央组织、地方组织和基层组织组成的一个整体。马克思、恩格斯还指出：党的每一个支部应成为工人联合的"中心和核心"[②]。明确了党支部的领导地位——"中心和核心"。1906 年，列宁在

---

① 《马克思恩格斯文集》第四卷，人民出版社 2009 年版，第 236 页。
② 转引自中共中央党校：《党的学说和党的建设教学大纲》，中共中央党校出版社 1992 年版，第 95 页。

俄国社会民主工党统一代表大会的报告中指出："要进行顽强不懈的努力，使基层组织真正成为而不是在口头上成为党的基本组织细胞"①。在列宁看来，如果只是口头上说重要，并没有拿出"进行顽强不懈的努力"的实际行动，基层党组织怎么可能真正成为"党的基本组织细胞"呢？

马克思主义创始人及其继承和发展者，之所以重视党的基层组织建设，在于他们所要建立的是无产阶级（工人阶级）政党。与掌握了强大国家机器的资产阶级相比，无产阶级是弱势群体，无产阶级政党作为先锋队，要团结带领无产阶级和广大劳动群众，同压迫和剥削他们的资产阶级作斗争，必须有严密的组织，才能形成强大的力量，去实现反抗黑暗、争取光明的目标。正如列宁在《进一步，退两步》中指出："无产阶级在争取政权的斗争中，除了组织，没有别的武器。"为什么这样说呢？他分析道："无产阶级被资产阶级世界中居于统治地位的无政府竞争所分散，被那种资本的强迫劳动所压抑，总是被抛到赤贫、粗野和退化的'底层'，它所以能够成为而且必然会成为不可战胜的力量，就是因为它根据马克思主义原则形成的思想一致是用组织的物质统一来巩固的，这个组织把千百万劳动者团结成一支工人阶级的大军。在这支大军面前，无论是已经衰败的俄国专制政权还是正在衰败的国际资本政权，都是支持不住的。"这里指出了无产阶级相对"弱"的三种表现，一是分散，二是受压抑，三是处在"赤贫、粗野和退化的'底层'"。为此，无产阶级必须组织起来，才有力量。列宁着重谈了"根据马克思主义原则形成的思想一致"与"用

---

① 《列宁专题文集：论无产阶级政党》，人民出版社 2009 年版，第 346 页。

组织的物质统一来巩固"之间的关系，即党的思想建设与组织建设的关系，他侧重强调了"组织的物质统一"①。

列宁在《同立宪民主党化的社会民主党人的斗争和党的纪律》中指出："工人阶级的力量在于组织。不组织群众，无产阶级就一事无成。组织起来的无产阶级就无所不能。组织性就是行动一致，就是实际活动一致。"组织起来的行动或者活动一致，以讲原则为前提，原则就是先进思想引领。在列宁看来，"没有思想的组织性是毫无意义的"，"没有讨论和批评的自由，无产阶级就不承认行动的一致。因此，觉悟工人始终不应当忘记，对原则的严重违反必定会使一切组织关系遭到破坏"②。列宁用"一事无成"和"无所不能"的强烈对比来分析组织对于无产阶级的重要性，明白且深刻。严密的组织的基本要求，是在共同的理想信念感召下，自上而下地建立一个包括党的中央组织、地方组织和基层组织在内的纪律严明的组织体系。这和资产阶级政党基层组织松散的情况大不一样。列宁当时判断的"国际资本正在衰败"情况，成为苏联十月革命胜利的主要客观原因；而严密的、强有力的基层党组织建设，则是十月革命胜利的重要主观原因之一。

按照马克思主义建党原则建立起来的中国共产党，到 2021 年，走过了 100 年光辉历程，重视党的基层组织建设是党的优良传统。它并非凭空产生，而是有着复杂的历史背景。1922 年 7 月召开的党的二大制定了党的第一个正式章程，二大党章确定从党中央到基层组织都要有严密的组

---

①② 《列宁专题文集：论无产阶级政党》，人民出版社 2009 年版，第 158、341 页。

织系统，要有集权精神与铁的纪律，避免无政府的"乌合的状态"。其中规定："各农村各工厂各铁路各矿山各兵营各学校等机关及附近，凡有党员三人至五人均得成立一组，每组公推一人为组长，隶属地方支部"；"各组，每星期由组长召集一次会议"，"各支部每月召集全体党员或组长会议一次"；党员凡"无故联续二次不到会"或"欠缴党费三个月"或"无故联续四个星期不为本党服务"，"必须开除之"[①]。规定异常严格。成立才一年的党，由于缺少实践积累，对基层组织建设的认识还是初步的，虽然认识到它的重要性，但怎么才能有效地发挥它的作用，认识并不很清楚。这阶段，我党还处于幼年时期，缺乏经验和领导艺术，来不及从容地做好各种准备，便匆忙投入了大革命的洪流。[②] 我们可以看到，以后，这在党的基层组织建设方面也反映出来了。

二、历史证明：
"支部建在连上"和"艰难奋战而不溃散"

众所周知，历史上我党在基层组织建设方面提出的最重要原则之一是"支部建在连上"。这一原则并不是一开始就确定的，而是在深刻吸取教训的基础上提出的。第一次国共合作时期，国民革命军的一部分部队掌握在

---

① 中共中央党校党章研究课题组编著：《中国共产党章程编介（从一大到十六大）》，党建读物出版社 2004 年版，第 139、141、142 页。
② 参阅中共中央党史研究室著：《中国共产党历史》第一卷（1921—1949）上册，中共党史出版社 2011 年版，第 100、221 页。

中国共产党手中。一开始，共产党对如何在这些部队设立党的基层组织缺乏经验，仅在团以上单位设立党支部。1927年蒋介石发动"四一二"反革命政变，第一次国共合作破裂，中国共产党领导的人民革命斗争进入最艰苦的年代——土地革命战争时期。"八一"南昌起义后，毛泽东等在湘赣边界领导秋收起义。失败后的起义军在向南转移途中，处境十分困难，部队中党的组织不健全，许多人情绪低落，不少人纷纷离队，5000人的队伍留下来不足千人。9月29日，部队到达江西省永新县三湾村时进行改编，由原来的一个师缩编成一个团。这就是著名的"三湾改编"。"三湾改编"的重要措施之一是，建立党的各级组织和党代表制度，党的支部建在连上，班、排有小组。①

关于这一举措的重大意义和作用，毛泽东1928年11月25日给中共中央的报告，在总结井冈山斗争的经验时讲得很清楚："党的组织，现分连支部、营委、团委、军委四级。连有支部，班有小组。红军所以艰难奋战而不溃散，'支部建在连上'是一个重要原因。两年前，我们在国民党军中的组织，完全没有抓住士兵，即在叶挺部也还是每团只有一个支部，故经不起严重的考验。"②"支部建在团以上"的教训是："完全没有抓住士兵"，"故经不起严重的考验"。这里提出了一个看似简单其实十分重要的基本问题，那就是基层党组织的覆盖范围——在多大的社会基层组织中建立党组织才合适。以军队为例，党组织建在团上、营上，还是连上？残酷

① 参阅中共中央党史研究室著:《中国共产党历史》第一卷（1921—1949）上册，中共党史出版社2011年版，第243页。

② 《毛泽东选集》第一卷，人民出版社1991年版，第65—66页。

的斗争实践告诉逐渐走向成熟的以毛泽东为代表的党的领导人，作为党的组织终端的基层党组织，覆盖范围不宜过大，过大了就不能有效发挥战斗堡垒作用，所以在部队支部必须建在连上。党的基层组织设置作这样的改变后（加上其他重要措施，如建立士兵委员会以发扬民主），较之前，显然抓住了士兵，经得起考验，军队的战斗力大大提高——红军艰难奋战而不溃散。可见党的基层组织建设威力之大。

人们惊叹"支部建在连上"这一原则，与2012年出版的以色列历史学家尤瓦尔·赫拉利著《人类简史》中提出的"神奇数字150"不谋而合：只要超过150这个数字，大多数人就无法真正深入了解所有成员的生活情形。"即使到了今天，人类的团体还是继续受到这个神奇的数字影响，不论是社群、公司、社会网络还是军事单位"①。

"支部建在连上"，从军队推广到地方，从革命战争年代延续到社会主义建设时期，在改革开放四十多年后的今天仍是党的建设的一条基本原则。党章第三十二条指出："党的基层组织是党在社会基层组织中的战斗堡垒，是党的全部工作和战斗力的基础。""战斗堡垒"和"战斗力"，都沿用了革命战争年代的术语。改革开放以来，党的历次代表大会修改党章，时有代表或学者提出不再沿用"战斗堡垒"和"战斗力"这类革命战争时期使用的术语的建议，都未被采纳。我理解，原因在于，一是这条原则的基本精神仍适用于当代，二是提醒人们不要忘记优良革命传统。就像把《义勇军进行曲》定为国歌，歌词是："起来！不愿做奴隶的人们！把我们

---

① ［以色列］尤瓦尔·赫拉利著，林俊宏译：《人类简史：从动物到上帝》，中信出版社2014年版，第28页。

的血肉，筑成我们新的长城！中华民族到了最危险的时候，每个人被迫着发出最后的吼声。""我们万众一心，冒着敌人的炮火前进！"用的是抗日战争时期的语言，道理是一样的。

遵循马克思主义的党建理论，把加强党的基层组织建设作为我党党的建设的一条重要原则，由中国的基本国情决定。回顾中国历史，中华民族曾经创造了领先于世界各国的灿烂的古代文明，但进入近代后却陷入深重的民族危机。1840—1911 年间，先后发生了中英鸦片战争、中英法第二次鸦片战争和中法战争，中日甲午战争和英美德日俄法意奥组成的"八国联军"侵华战争。腐朽的清政府被迫与列强签订了一系列不平等条约，主权沦丧，国势衰危。许多仁人志士为救亡图存，进行了浴血奋战，但终究没有改变中国陷入半殖民地半封建社会深渊的可悲命运。辛亥革命推翻了腐朽专制的清封建王朝，建立了中华民国，具有里程碑意义。但不久便发生袁世凯任中华民国临时大总统、总统，复辟帝制，倒台后中国陷入军阀割据和混战局面。1921 年 7 月中国共产党成立，1924 年至 1927 年国共合作推动的轰轰烈烈的大革命后，国民党实行独裁统治，对红军进行五次"围剿"。1931 年"九一八"事变，日本帝国主义对中国实行大规模侵略，中华民族面临深重的民族危机。

为什么会产生危机？因为落后，落后就要挨打。落后的突出表现之一是民族缺乏凝聚力，处于一盘散沙状态。对此，抗日战争时期毛泽东在《论持久战》中曾作过深刻分析，他指出："日本敢于欺负我们，主要的原因在于中国民众的无组织状态。克服了这一缺点，就把日本侵略者置于我们数万万站起来了的人民之前，使它像一匹野牛冲入火阵，我们一声唤也要把它吓一大跳，这匹野牛就非烧死不可。"①半个世纪后，邓小平针对少数人对坚持党的领导产生的动摇，也作出了类似分析："如果搞得乱七八糟、一盘散沙，那还有什么希望？过去帝国主义欺侮我们，还不是因为我们是一盘散沙？""中国人分散开来力量不大，集合起来力量就大了。"②

中国革命和建设的胜利充分彰显，中国人民克服一盘散沙状态的无组织缺点后威力巨大。是谁改变了这种状态，凝聚了中华民族？是中国共产党。正如邓小平改革开放初指出："中国一向被称为一盘散沙，但是自从我们党成为执政党，成为全国团结的核心力量，四分五裂、各霸一方的局面就结束了。只要我们党的领导是正确的，那就不仅能够把全党的力量，而且能够把全国人民的力量集合起来，干出轰轰烈烈的事业。"③中国共产党的伟大成功，便是通过正确的领导，把处于一盘散沙状态的中国人越来越多地凝聚起来，日益形成战无不胜攻无不克的伟大力量，取得了新民主主义革命的伟大胜利。在改变一盘散沙状态的过程中，党的基层组织发挥了极其重要的作用。加强党的基层组织建设，是我党凝聚人心、民心的一条基本历史经验，成为党的领导、党的建设的一大特色和优势。历史告诉我们：党的领导是通过各级组织来实现的，其基础则在基层组织。

我党的基层党组织建设，引起外国一些有识之士的关注。国防大学原政委刘亚洲上将在他的《军改宣言》中，介绍了美军有关研究人员对中国军队党支部的关注："美军一个研究人员称解放军的威力源于'党支部'。

---

① 《毛泽东选集》第二卷，人民出版社 1991 年版，第 511—512 页。
② 《邓小平文选》第三卷，人民出版社 1993 年版，第 197、358 页。
③ 《邓小平文选》第二卷，人民出版社 1994 年版，第 267 页。

他一直想弄清楚这个无处不在的'党支部'到底有什么魔力，能使解放军战无不胜。"①

三、现实呼唤：
避免回到"一盘散沙"状态

一般地说，人们都认可中国共产党基层组织建设巨大的历史价值，因为这已被历史充分证明。让我们回眸 100 年前，看看党的一大召开时的情景："中国共产党的成立大会，是在反动统治的白色恐怖下秘密举行的。除了大会会场一度遭到帝国主义的暗探和巡捕的骚扰外，在社会上并没有引起多大注意，好像什么事也没有发生。"出席党的一大代表 13 名，代表 50 多名党员。最早酝酿在中国建立共产党、并在建党过程中起了主要倡导、推动和组织作用的陈独秀和李大钊，均因事务繁忙（陈独秀时任广东政府教育委员会委员长，正在筹款办学；李大钊时任北京大学图书馆主任、教授，兼北京国立大专院校教职员代表联席会议主席），未出席会议。"但是，就在这时，一个新的革命火种已在沉沉黑夜的中国大地上点燃起来了。"②我党由小到大、由弱变强，从建立井冈山革命根据地、五次反"围剿"到两万五千里长征，从抗日战争到解放战争，革命的胜利，经历

---

① 刘亚洲著：《精神》，长江文艺出版社 2015 年，第 175 页。

② 参阅中共中央党史研究室著：《中国共产党历史》第一卷（1921—1949）上册，中共党史出版社 2011 年版，第 67、69 页。

和战胜了多少今天的人们难以想象的艰难险阻呀！强有力的基层党组织，为革命胜利从基础层面提供了最重要的保证。

进入社会主义现代化建设的新时期，我党还要不要保持这一特色和优点呢？在这个问题上，不少人的认识发生了偏差。他们似乎"理所当然"地认为，党的组织设置与党所处的时期高度契合，"支部建在连上"适用于革命战争年代。当这个年代已成为遥远的过去，党已成功执政70多年，就没有必要再像历史上那样强调加强党的基层组织建设了。从表面上看，这种论调似乎也不无道理，但认真分析后看就错了——错在对现阶段我国基本国情的认识不够。

1. 对我国基本国情的深层次分析

社会主义初级阶段是我国的基本国情，人们侧重从经济角度作出了许多中肯的分析。对此，我们还可以从更广的视角作一番深入分析。

一是从历史文化的角度看。中国历史上的一盘散沙状态，与几千年以小农经济为主导的经济基础联系在一起。小农经济的特点是分散，建立在以小农经济为主导的经济基础之上的中国社会呈一盘散沙，具有历史必然性。当代中国社会仍处于工业化过程中，小农经济还占一定比例，一盘散沙仍有一定的经济基础。同时需要指出，在一定经济基础之上产生的社会意识形态，一旦形成便具有相对独立性和强大的历史惯性。《人的哲学论纲》的作者薛德震认为："意识形态的保守作用是十分强烈的，它表现为传统和习惯的力量，表现为毫无察觉地、内在地承袭。""社会意识的保守作用与源于某一阶级政治经济利益的社会阻力不同，它有两个显著特点：

第一，它的作用表现为一种习惯、传统，甚至是一个民族的思维方式，这种思维方式往往积淀为这个民族的生理心理结构和素质。""第二个特点是它的广泛性。"① 传统意义上的一盘散沙问题，在当代中国社会并未绝迹。历史上在克服一盘散沙方面发挥了巨大作用的党的基层组织建设，其价值现在仍然显而易见。当然，传承具有历史价值的优良传统，并不是简单地移植，而要结合当代中国社会的现实加以创新，使具有强大生命力的优良传统基因，迸发出生生不息的活力。

二是从现实需要的角度看。今日中国虽然取得了巨大的历史进步，但总体上仍处于相对落后状态，仍处于社会转型期。这既是一个重要战略机遇期，又是一个矛盾多发和凸显期。对中国社会现在所处时期的特点，历史上毛泽东和邓小平曾经都有过预言，很值得我们重温和思考。

1956 年 9 月，毛泽东在同应邀出席中共八大的南斯拉夫共产主义者联盟代表团的谈话中指出："腐化、官僚主义、大国主义、骄傲自大，中国都可能犯。现在中国人有谦虚的态度，愿意向别人学习，这也是有原因的，我们没有本钱。"怎么理解"我们没有本钱"？毛泽东从四个方面作了分析："一、我们原先没有马列主义，这是学别人的；二、我们没有十月革命，是在十月革命三十二年以后才在一九四九年取得革命胜利的；三、第二次世界大战中我们是一个支队，不是主力军；四、我们没有工业化，主要是农业和破破烂烂的手工业。"毛泽东认为，因为这四点原因，"因

---

① 薛德震著：《人的哲学论纲》，人民出版社 2005 年版，第 192—194 页。

此，就是有人想翘尾巴，也没有本钱，顶多翘一两公尺"。当时如此，以后会怎么样呢？毛泽东作出了清醒的预判："但是我们要预防将来，十年、二十年以后就危险了，四十年、五十年以后就更危险了。"为什么呢？毛泽东的逻辑很清楚，没有本钱翘尾巴，"谨慎小心"，"夹紧尾巴做人"，踏踏实实地把国家建设好，就没有什么大的危险。而一旦有了本钱就容易骄傲，"中国过几十年在工业化后，翘尾巴的可能性就更大了"，所以就"更危险了"①。我们现在所处的，正是毛泽东当年所说的"更危险"时期。因为现阶段国家实力确实增强了，本钱大了，"翘尾巴"有了可能性。但究其根本，"翘尾巴"本身却是人的状态问题。"翘尾巴"的危险不仅会反映在经济建设上，而且会反映在人的素质上。令人深思的是，有着一盘散沙历史渊源的民族，如果"翘尾巴"，还凝聚得起来吗？

1993年9月，89岁高龄的邓小平在同弟弟邓垦所作的长篇谈话中，提出了一个十分重大的问题——"发展起来以后的问题"。他是从分配问题谈起的，他说："十二亿人口怎样实现富裕，富裕起来以后财富怎样分配，这都是大问题。题目已经出来了，解决这个问题比解决发展起来的问题还困难。分配的问题大得很。我们讲要防止两极分化，实际上两极分化自然出现。要利用各种手段、各种方法、各种方案来解决这些问题。"他接着说："我看我们的事业有希望，我们国家大有希望，我们民族大有希望。中国人能干，但是问题也会越来越多，越来越复杂，随时都会出现新问题。"这是从国家和民族的大角度谈的。然后又回到分配问题，他不无

---

① 《毛泽东文集》第七卷，人民出版社1999年版，第124—125页。

忧虑地说："比如刚才讲的分配问题。少部分人获得那么多财富，大多数人没有，这样发展下去总有一天会出问题。分配不公，会导致两极分化，到一定时候问题就会出来。这个问题要解决。过去我们讲先发展起来。现在看，发展起来以后的问题不比不发展时少。"① 我们现在所处的，又正是邓小平当年所说的"问题不比不发展时少"的时期，而且不仅分配不公的问题比当年要严重得多，比分配不公更严重的问题也发生了，如恶性腐败问题、环境污染问题、食品药品安全问题。这些问题都与能否凝聚人心密切相关。

2014 年 2 月 7 日，习近平总书记在接受俄罗斯电视台专访时指出："中国改革经过 30 多年，已进入深水区，可以说，容易的、皆大欢喜的改革已经完成了，好吃的肉都吃掉了，剩下的都是难啃的硬骨头。"② 深化改革之所以难，除了思想认识方面的原因外，主要是因为牵涉复杂的部门利益，要触动一些人的既得"奶酪"。而且这些"难啃的硬骨头"形成时日已久，是积存多年的顽瘴痼疾。这些尚待通过深化改革解决的深层次问题，会使人心、民心涣散，所以再难也要解决。

毛泽东和邓小平的预言，目光如炬，有着历史的前瞻性。习近平的正视现实，更激励我们迎难而上。在"更危险"时期、"问题不比不发展时少"的时期和深化改革的攻坚破难时期，更加需要做好凝聚人心的工作。做好凝聚人心的工作，更加需要党的基层组织充分发挥战斗堡垒作用。尤

---

① 中共中央文献研究室编：《邓小平年谱 1975—1997（下）》，中央文献出版社 2004 年版，第1364 页。
② 《习近平谈治国理政》，外文出版社 2014 年版，第 101 页。

其令人警醒的是，我们正面对百年未有之大变局，加强党的基层组织建设，比这之前更加重要和紧迫！

2. 千万不能丢掉凝聚人心的法宝

我们所处的中华民族伟大复兴的关键时期，是迫切需要保持并发展民族凝聚力的时期。中华人民共和国成立70多年历史的经验证明：我们有凝聚人心的法宝，其中之一就是加强党的基层组织建设。但是，如何自觉地运用好这一法宝，却始终面临严峻挑战。

党执政后，自身建设的情况很快就发生了巨大变化。党组织迅速获得大发展，在大批新鲜血液进入党内过程中，一些新党员入党动机不纯，一些老党员、老干部开始出现脱离群众、脱离实际的不良作风，引起人民群众不满。针对这种情况，中共中央1950年5月发出《关于在全党全军开展整风运动的指示》，于1951年提出用三年时间进行一次整党。1951年3月28日至4月9日，执政后的中国共产党召开了第一次全国组织工作会议。刘少奇在向大会的报告中，着重分析了革命胜利后党的状况和存在的问题，有针对性地指出：对党的基层组织有计划、有准备、有领导地进行一次普遍整顿，是完全必要的。4月9日，刘少奇代表党中央作《为更高的共产党员的条件而斗争》的总结报告。会议通过《关于整顿党的基层组织的决议》和《关于发展新党员的决议》。经过整顿，截至1953年6月底，全国基层党支部由1951年的24.6万个发展到32.8万个。在职工50人以上的厂矿企业和大专学校，一般都建立了党的组织。在已完成整顿的基层组织中，平均约有90%的党员符合或基本符合共产党员标准，约有

10% 不符合党员标准。经过整顿和发展，党在组织成分和党员素质等方面都有了明显的改善和提高。①

新中国成立之初开展的对党的基层组织的整顿，足以证明我党对基层党组织建设的高度重视。可是，让人始料不及的是，没过多长时间，忽视党的基层组织建设的问题又出现了。1956年9月，邓小平在党的八大作的《关于修改党的章程的报告》中指出："党的基层组织是党联系广大群众的基本纽带，经常检查和改进基层组织的工作，是党的领导机关的重要政治任务。但是，无论在城市和农村中，许多领导机关，往往只忙于指使基层组织执行一项又一项的任务，却很少去检查一下究竟这些基层组织是在怎样地在那里工作着，很少给基层组织中的党员以具体的教育和帮助。"他要求："一切直接领导基层组织的党委员会，应当根据党章，在基层组织中普遍地进行教育，并且得出改进对于基层组织的领导的必要的结论。"② 在党的八大召开后的一段时期内，贯彻党的八大精神，基层党组织建设得到了加强。广大基层党组织在克服党和国家遇到的严重困难过程中，发挥了极为重要的战斗堡垒作用。

20世纪60年代初，我国经济出现了严重困难的局面，很多人吃不饱肚子。党中央下决心减少城镇人口、压缩城镇粮食销量。1961年5月召开的中央工作会议提出，解决问题的根本方法是从城市压缩人口下乡，三年内减少城镇人口2000万以上。从1961年到1963年6月，全国共精

---

① 参阅中共中央党史研究室著：《中国共产党历史》第二卷（1949—1978）上册，中共党史出版社 2011年版，第168—172页。
② 《邓小平文选》第一卷，人民出版社1994年版，第253页。

简职工 1887 万人，加上他们的家属，实际减少城镇人口 2600 万人。周恩来总理当时说：下去这么多人，等于一个中等国家搬家，这是史无前例的。一声号令，2600 万人返乡当农民，总体上相当平稳。这固然与党的崇高威信有关，却也是与基层党组织卓有成效的深入细致的工作分不开的。①

但各级党组织重视基层党组织建设的时间保持得并不长，没过几年，忽视基层党组织建设的状况再次回潮。1961 年 12 月，邓小平尖锐地指出："提这样口号，那样口号，这样方针，那样方针，只有有了基层工作，有了经常工作，才有希望落实。否则只发号召写指示，发下去就会像石头掉在大海里，影子都看不见。"②1962 年 2 月，邓小平在《在扩大的中央工作会议上的讲话》中再次要求："党委要加强支部和小组的经常工作。现在的支部生活很不健全。这个问题的重要性，我不多讲，但要引起严重的注意。"③应该说，这以后，基层党组织建设的情况是有好转的。在我等同龄人的印象中，从 1963 到 1966 年"文化大革命"爆发前，党组织生活还是比较健全的，党员的先锋模范作用还是发挥得比较好的——许多群众感受得到。1966 到 1976 年"文革"十年，党的基层组织建设走了两个极端。开始是伴随全党停止组织生活，基层党员干部普遍被打成"走资本主义道路的当权派"，基层党组织处于瘫痪状态。恢复党的组织生活后，实行党的一元化领导，基层党组织直接指挥生产经营和各项业务工作。

---

① 参阅中共中央党史研究室著：《中国共产党历史》第二卷（1949—1978）下册，中共党史出版社 2011 年版，第 585—586、602 页。

②③ 《邓小平文选》第一卷，人民出版社 1994 年版，第 296、314 页。

"文革"结束，拨乱反正。邓小平从改革开放一开始就明确提出了坚持和改善党的领导的思想，他指出："中国由共产党领导，中国的社会主义现代化建设事业由共产党领导，这个原则是不能动摇的；动摇了中国就要倒退到分裂和混乱，就不可能实现现代化。"他同时指出："为了坚持党的领导，必须努力改善党的领导。""怎样改善党的领导，这个重大问题摆在我们的面前。不好好研究这个问题，不解决这个问题，坚持不了党的领导，提高不了党的威信。""要不断地改善领导，才能加强领导。"在基层领导制度改革中，邓小平反复强调，改革基层领导制度，是为了更好地改善和加强党的领导。①从改革开放初，到党的十八大召开前，30多年间，党的基层组织建设经历了曲折的探索。在深刻的观念变革、复杂的体制转换和重大的利益关系调整中，我国经济和社会发展取得巨大成就，社会总体上保持稳定，这是与基层党组织做了大量艰苦细致、卓有成效的工作紧密相关的。在充分肯定成绩的同时，也要看到忽视基层党组织建设的问题渐渐凸显，少数地方甚至出现"好人散了伙、坏人结成帮"的危险现象。经济和社会发展中出现的突出问题，相当一部分与党的基层组织的软弱涣散有关。

党的代表大会和党中央反复指出基层组织建设的问题，一再强调要加强基层组织建设，但问题却反反复复，没有从根本上得到解决。这是什么原因？说到底，与许多人在党执政后地位发生变化、在成就面前头脑没有保持足够清醒有关。他们错误地认为，在党弱小时，加强党的基层组织建

---

① 《邓小平文选》第二卷，人民出版社1994年版，第267—268、271、342页。

设，是为了使党变得强大，不被敌人消灭，反而战胜敌人。党执政了，变强大了，加强基层组织建设就没有必要了。他们没有认识到，衡量执政党的强与弱，与国家的强与弱直接联系在一起，我国至今大而不强。况且，即使今后真正强大了，如果脱离群众、人心涣散，很容易就会由强变弱。当然，以上原因不是唯一原因，还有一个原因是如何正确处理干部工作和组织工作的关系。党的建设包括这两大方面的工作，各级党组织无一例外总是把干部工作放在组织工作之前，这并没有错。问题是组织工作这头不能放松，以致使整个党建工作失去平衡。

2013年6月，习近平在全国组织工作会议上的讲话中指出："基础不牢，地动山摇。贯彻党要管党、从严治党方针，必须扎实做好抓基层、打基础的工作，使每个基层党组织都成为坚强战斗堡垒。"①在我国当前和未来长期的改革发展中，为了成功应对各种困难、风险和挑战，必须进一步加强和改进党的基层组织建设。应当清醒地认识到，没有以坚强的基层组织作为牢靠基础的共产党的领导，中国社会将会回到一盘散沙的状态。一旦出现这种局面，中华民族的伟大复兴就成了一句空话。我党重视基层党组织建设这一特点和优点，无论如何不能丢，一旦丢掉，我们将犯下难以挽回的历史性错误。

前车之覆，后车之鉴。2012年，时任中央组织部干部五局副局长石军，经过深入研究后指出："基层涣散是政党失败的组织根源"。他以国民党和苏联共产党为例作了分析。当初，孙中山"以俄为师"，通过国共合

① 中共中央文献研究室编：《十八大以来重要文献选编（上）》，中央文献出版社2014年版，第351页。

作改组国民党，重点就放在基层，但是半途而废。1926年蒋介石提出《整理党务案》，把共产党人从上层机关逼向了基层，出现了国民党做上层工作、共产党做下层工作的分工格局。1927年又以"清党"名义杀害了31万人，其中共产党员2.6万。国民党中思想比较激进的青年党员和下层农工党员遭遇"逆淘汰"，基层组织很快陷入瘫痪，被土豪劣绅趁机侵夺，名存实亡。实际上，国民党一直是一个组织基础脆弱的执政党，失败只是时间问题。再看苏联共产党，党员人数曾经达到2000万。但政党人数的多寡，只是衡量党组织实力的重要标志之一，政党实力的充分发挥更有赖于内部素质的严密性、协调性和实际运作的有效性。苏共垮台就是一个非常沉痛的教训。苏共领导机关脱离基层组织，基层组织缺乏凝聚力，执政的根基早已动摇。苏共解散时，2000万党员异常平静，因为苏共是否执政、是否存在，与广大党员和群众已经没有关系。①

值得关注的是，一些发达国家的政党建设却出现了克服组织涣散、注重加强基层党组织建设的趋势。有学者指出："对于美国的两党来说，政党现代化意味着消除长期存在的涣散、活动不规范的状态，使政党变成'紧密结合的、有纪律的、有纲领的和承担责任'的党。""那些向来不重视地方和基层党组织建设的政党，现在必须转变自己的观点，改变以往的政党运作模式。"②有学者指出，新加坡人民行动党是一个高度重视基层党组织建设的执政党。"基层组织的建立和健全，一方面是为了加强

① 中共中央组织部组织二局、干部五局编：《国有企业、中管金融企业党组织书记学习培训读本》，党建读物出版社2012年版，第41—42页。
② 参阅王长江著：《政党现代化论》，江苏人民出版社2004年版，第39、122页。

对基层民众的控制；另一方面，人民行动党通过这些基层组织加强了同基层群众的联系。""人民行动党明确提出其基本信念是'心系群众、关怀草根'"。①

说当今中国我党基层党组织建设仍然十分重要，并非说基层党建工作可以因袭过去的所有做法。党的历史经验、尤其是党的优良传统必须继承和发扬；同时，党的历史教训也必须吸取。我觉得，在相当长一段时期内这两方面都做得不够，都亟需加强。只有加强了，并且在这个基础上创新，党的基层组织建设才能开创一个新局面。

党的十九大在基层组织建设方面作出了重大部署，习近平在十九大报告指出："党的基层组织是确保党的路线方针政策和决策部署贯彻落实的基础。要以提升组织力为重点，突出政治功能，把企业、农村、机关、学校、科研院所、街道社区、社会组织等基层党组织建设成为宣传党的主张、贯彻党的决定、领导基层治理、团结动员群众、推动改革发展的坚强战斗堡垒。"十九大部分修改的党章，在党的基层组织建设方面，除了确立国有企业党委（党组）"发挥领导作用"地位外，最引人注目的是专门增加了关于党支部建设的内容，党章第三十四条规定："党支部是党的基础组织，担负直接教育党员、管理党员、监督党员和组织群众、宣传群众、凝聚群众、服务群众的职责。"把党支部建设放到如此高的位置，让我们看到"支部建在连上"的优良传统，在当代中国共产党的建设中，得以继承和发展。这里的道理其实并不难懂，党的建设的大部分工作只有落实到

---

① 参阅孙景峰著：《新加坡人民行动党执政形态研究》，人民出版社 2005 年版，第 273、278 页。

党支部，才能真正得到落实，否则很多事都会落空。在中国特色社会主义进入新时代之际，切实加强和改进党的基层组织建设，党的建设就有了牢靠的基础。

3. 正确选择：中国的独特优势

《中华人民共和国宪法》第一条规定："社会主义制度是中华人民共和国的根本制度。中国共产党领导是中国特色社会主义最本质的特征。"[①] 为了加强党的领导，必须加强党的建设，两者是因果关系。邓小平指出："改革，现代化科学技术，加上我们讲政治，威力就大多了。"[②] 讲政治，主要就是讲党的领导和党的建设，这是我们的独特优势。怎么理解这一独特优势？联系到党的基层组织建设，有人问，政党是现代政治的产物，世界上无论是发达国家，还是发展中国家，政党建设像中国共产党这样重视基层组织建设的，很少见，我们为什么要坚持这样做，并且强化它呢？这种思维方式的特点是离开中国国情，照搬照抄西方政党建设模式。照搬照抄从来就不是思想解放，而只是思想僵化的一种典型表现。大量事实证明，照搬照抄不可能取得成功。美国没有照搬照抄英国等欧洲国家，日本没有照搬照抄美国和欧洲国家，才获得了成功。回顾我党历史，在某些方面曾经照搬照抄"苏联模式"，吃了大亏；提出"马克思主义中国化"，走中国特色的革命和建设之路、改革开放之路，才获得了巨大成功。面对新

---

① 《中华人民共和国宪法》，人民出版社 2018 年版，第 7 页。
② 《邓小平文选》第三卷，人民出版社 1993 年版，第 166 页。

情况、新任务、新挑战，我们务必保持政治上的清醒和坚定，既要积极汲取、借鉴外国政治文明成果，更要从我国实际出发，建设中国特色社会主义政治文明。

加强党的基层组织建设的基本理由，本讲前面已经从理论、历史和现实三个维度作了分析。这里，有必要再从国民信仰和法治建设两个角度作进一步分析。在大多数国家，维系稳定发展有两个基本条件，一是宗教，一是法治，尤其是宗教——当然不包括邪教。一些国家经济发展不理想，社会矛盾突出，仍可保持基本稳定，与绝大多数人信教和法治相对成熟密不可分。我国大多数国民不信教，虽然改革开放以来信教的人出现增长趋势，但是在可预见的未来，大多数国民不信教仍将是大概率事件。我国的法制建设虽然不断加强，但是由于历史包袱过重和现实过于复杂，社会主义法治的完备仍将是一个较长的过程。在上述两种情况下，党的基层组织建设就成为维系稳定的不二法宝。

近几年来，三大因素使我们强烈感受到确实正在经历"百年未有之大变局"。一是人类已进入由新科技革命造就的互联网时代，正在从商业互联网走向工业互联网时代。二是中美关系跌入两国建交以来的最低谷，与政治和思想之争联系在一起的贸易战，将是持久战。三是2020年初暴发新冠肺炎疫情，全球蔓延，控制难度很大，对人类生活带来严重冲击。做好凝聚人心的工作，正面临新的挑战。

这里，对第一个因素作些展开分析。以互联网为标志的现代信息技术给人们带来了多方面的极大便利，强有力地推动着经济发展和社会进步。但这把"双刃剑"的负面影响也很大，影响之一是互联网过量的信息极大地分散了人们原本就不易集中的注意力。美国科技作家尼古拉斯·卡尔指出："互联网所做的似乎就是把我们的专注和思考能力撕成碎片，抛到一边。""平心静气，全神贯注，聚精会神，这样的线性思维正在被一种新的思维模式取代，这种新模式希望也需要以简短、杂乱而且经常是爆炸性的方式收发信息，其遵循的原则是越快越好。"①值得注意的是，互联网的这种负面影响，与价值观的传播密切联系在一起。多元价值观加上情绪化的渲染，借助互联网的几何级传播功能，会产生不容忽视的涣散人心效应——造成新的一盘散沙。

在分析党的基层组织建设重要性问题的时候，我常常想到这样一个问题：一个党执政后，许多党员包括党员干部往往不容易树立忧患意识，因为执政地位可以掩盖许多矛盾、特别是基层的矛盾。而一旦矛盾积累到一定程度，过了临界点，量变引起质变，就很难解决了。苏联共产党解体的那一刻，显得那样平静，就是极好的教训。西方敌对势力对中国实施所谓的"松土工程"，其重要目标之一是瓦解基层党组织。对此，我们应当保持高度警惕。更重要的是，我们要发扬改革创新精神，下功夫把自己的事真正做好。党的基层组织建设的独特优势，不可能坐等现成，优势是可能性，能否把可能变为现实，取决于我们的工作做得如何。

关于党的基层组织建设对于基层单位自身发展的重大价值，是我们研究基层党组织建设成为我国独特优势的另一个重要角度，将在本书第三讲第一节作出分析。

所以必须毫不动摇地坚持和加强党的领导，毫不动摇地坚持和加强党

---

① [美]尼古拉斯·卡尔著，刘纯毅译：《浅薄：互联网如何毒化了我们的大脑》，中信出版社2010年版，第5、8页。

的基层组织建设。淡化、弱化、虚化、边缘化党的基层组织建设，或者以僵化的态度对待党的基层组织建设，都将犯历史性、灾难性、难以挽回的错误。坚持和改善党的基层组织建设，充分发挥其独特优势，是一项重大政治原则，任何时候都不能动摇。

把党的领导落实到基层

党的领导是一个完整的组织体系，由党中央、党的地方组织和基层组织共同组成，基层组织是基础。怎么把党的领导落实到基层，是党的基层组织建设要实现的总目标。革命战争时期，围绕这个总目标来加强党的基层组织建设，自 1927 年提出"支部建在连上"后，从总体上看，一直贯彻得不错。新中国成立后，我党成为执政党，情况发生了很大变化。虽然党中央始终强调加强基层组织建设，但忽视基层党组织建设的问题时有发生。这固然有对党执政后基层组织建设重要性认识不足的问题，但也有对如何更好地实现党对基层组织的领导，在探索中怎么准确把握的原因。这在改革开放以来，党中央对基层组织建设的指导方面，表现得尤为突出。党的十八大，尤其是十九大以来，正在开创基层组织建设新局面。党的十九届四中全会，提出了推进国家治理体系和治理能力现代化问题。在新的历史背景下，如何准确理解党的基层组织"把方向、管大局、保落实"的定位（这是党章对国有企业党委、党组的定位，我认为这一定位适用于发挥领导作用的所有基层党组织），如何正确处理党的基层组织与其他治理主体的关系，是必须解决好的重大问题。

一、扭转"弱化、淡化、虚化、边缘化"倾向

第一讲第二、第三节，对党的基层组织建设情况作了简略的历史回顾。谈到改革开放初到党的十八大前，党的基层组织建设经历了曲折的探索。这突出表现在国有企业党组织建设，在 20 世纪 80 年代后半期曾经出现较大反复。1989 年"政治风波"后，党中央吸取教训，把国有企业党组织的定位从"发挥保证监督作用"调整为"发挥政治核心作用"，沿用了 28 年，取得的成绩理应充分肯定。但党的十八大前，国有企业党组织建设存在的软弱涣散问题仍未从根本上得到解决。党的十八大后的 2016年，以习近平总书记在中共中央召开的全国国有企业党的建设工作会议上发表重要讲话为标志，开始扭转局面。平心而论，在党的基层组织建设中，国有企业党组织建设并不是薄弱环节，国有企业党组织建设存在的问题带有普遍性，不少领域的问题比国有企业更严重。而一旦国有企业党组织建设存在的问题得到解决，也就具有带动全局的作用。

1. 30 多年曲折探索

20 世纪 80 年代初，我国城市经济体制改革以国有企业领导体制改革为中心环节，拉开序幕。邓小平作为改革开放的总设计师，1980 年 8月 18 日，在中央政治局扩大会议上作了题为《党和国家领导制度的改革》

的讲话，在这篇经中央政治局讨论通过、被称为"中国改革开放宣言书"的讲话中，提出的重大改革举措之一是国有企业领导体制改革，邓小平指出："有准备有步骤地改变党委领导下的厂长负责制、经理负责制，经过试点，逐步推广、分别实行工厂管理委员会、公司董事会、经济联合体的联合委员会领导和监督下的厂长负责制、经理负责制。"这里有两个关键点，一是明确实行厂长负责制或经理负责制；二是明确厂长、经理是受领导和监督的——根据不同情况，分别受工厂管理委员会、公司董事会或经济联合体的联合委员会的领导和监督。当时的中国，人们尚不熟悉"公司法人治理结构"概念，邓小平提出兼顾明确厂长、经理的经营管理责任，又受集体领导和监督这两方面的设计原则，以避免历史上曾经出现过的走两个极端的现象，是有眼光的。邓小平同时指出："实行这些改革，是为了使党委摆脱日常事务，集中精力做好思想政治工作和组织监督工作。这不是削弱党的领导，而是更好地改善党的领导，加强党的领导。"① 邓小平对国有企业领导体制改革的设计，在实施中走过了曲折的路。起步不久就出现了偏离设计思想初衷的情况，因为这种偏离打着"解放思想"和"改革"旗号，纠正的难度很大。

党的十二大至十三大之间的五年（1982年9月到1987年11月），是国有企业领导体制发生重大变革时期。党的十二大通过的党章规定："企业中党的基层委员会，和不设基层委员会的总支部委员会或支部委员会，领导本单位的工作。企业党组织应对重大原则问题进行讨论和作出决定，

---

① 《邓小平文选》第二卷，人民出版社1994年版，第340页。

同时保证行政负责人充分行使自己的职权，不要包办代替他们的工作。"①
这一规定有两个特点，一是国有企业党组织在企业中的领导地位没有改变，二是强调国有企业党组织"抓大事"，要保证行政负责人充分行使职权，不要包办代替生产经营的日常管理。

党的十二大召开四年后，1986年9月中共中央、国务院颁发全民所有制工业企业"三个条例"，即《全民所有制工业企业厂长工作条例》(以下简称《厂长工作条例》)、《中国共产党全民所有制工业企业基层组织工作条例》(以下简称《党组织工作条例》)和《全民所有制工业企业职工代表大会条例》，国有企业领导体制改革开始全面推进。

《厂长工作条例》规定："实行厂长负责制"，"厂长对本企业的生产指挥和经营管理工作统一领导，全面负责"；"厂长应当定期向企业党的基层委员会（含不设基层委员会的党总支部委员会、支部委员会）报告工作，接受监督"；"企业设立管理委员会，就企业经营管理中的重大问题协助厂长决策"，"厂长同管理委员会的多数成员对经营管理中的重大问题意见不一致时，厂长有权作出决定"②。上述规定抽掉了邓小平提出的"工厂管理委员会、公司董事会、经济联合体的联合委员会领导下"这个至关重要的前提。规定"工厂管理委员会"只是"就企业经营管理中的重大问题协助厂长决策"，而不是实行"工厂管理委员会领导下的厂长负责制"，"领导"改为"协助"，这就使国有企业领导体制改革的制度设计，脱离了邓小平

① 中共中央党校党章研究课题组编：《中国共产党章程编介》，党建读物出版社2004年版，第252—253页。
② 中共中央文献研究室编：《十二大以来重要文献选编（下）》，人民出版社1988年版，第1135—1141页。

1980 年设计的正确轨道，而演变成了"一个人说了算"即"'一把手'说了算"的个人负责的领导体制。

《党组织工作条例》规定："企业中党的基层委员会（含不设基层委员会的总支部委员会或支部委员会）对企业实行思想政治领导，即保证、监督党和国家的各项方针、政策的贯彻执行，支持群众组织独立负责地开展工作，认真做好思想政治工作，发挥党组织的战斗堡垒作用和党员的先锋模范作用，以保证企业沿着社会主义方向发展"①。上述规定基本符合邓小平 1980 年的设计原则，明确企业党委"对企业实行思想政治领导"。

中共中央、国务院决定，"三个条例"于当年 10 月 1 日起施行。使人颇感意外和难以理解的是，"三个条例"颁发后不到两个月，几乎所有企业尚未来得及施行时，同年 11 月 11 日，中共中央、国务院又下发了《关于认真贯彻执行全民所有制工业企业三个条例的补充通知》（以下简称《补充通知》）。《补充通知》提出："全民所有制工业企业的厂长（经理）是一厂之长，是企业法人的代表，对企业负有全面责任，处于中心地位，起中心作用。"并且提出："中央、国务院过去有关文件中关于全民所有制工业企业厂长（经理）的地位和作用的提法，与本通知不一致的地方，一律以本通知为准。"②《补充通知》的关键，是把《厂长工作条例》规定的"厂长对本企业的生产指挥和经营管理工作统一领导、全面负责"，改变为"厂长（经理）对企业负有全面责任，处于中心地位，起中心作用"，没有

---

①② 中共中央文献研究室编：《十二大以来重要文献选编（下）》，人民出版社 1988 年版，第 1145、1159—1160 页。

了"对生产指挥和经营管理工作"的限制。进一步强化了"个人负责制"，把它引向极端。国有企业的一切工作都由厂长负责，上级党组织和政府与国有企业是什么关系呢？连对国有资产的监督管理也没有了吗？国有企业党组织又处于什么地位呢？

这一朝令夕改的变化，显然更远地偏离了邓小平提出的国有企业领导体制改革的设计思想初衷。1987年11月党的十三大通过的党章修正案规定："企业中党的基层组织，对党和国家的方针政策在本单位的贯彻执行实行保证监督。"①1988年4月颁布实施的《中华人民共和国全民所有制工业企业法》规定："企业实行厂长（经理）负责制。""厂长在企业中处于中心地位，对企业的物质文明建设和精神文明建设负有全面责任。""企业设立管理委员会或者通过其他形式，协助厂长决定企业的重大问题。"②这是从法律上确立了厂长的个人负责制，并且把走极端的厂长对国有企业的全面负责讲得更明确了——厂长不仅对物质文明建设负责，而且对精神文明建设负责。国有企业党组织明显地被边缘化了。

在这种背景下，20世纪80年代中后期，就难以避免地出现了淡化、弱化、甚至否定国有企业党组织工作重要性的错误倾向。当时，我在上海铁合金厂任党委书记，参加过不少上级党组织及相关部门负责人召开的国有企业党建工作座谈会。听到有的党员高级领导干部讲，东欧一些共产党执政国家的企业，看门的、扫地的，都可以当党委书记；听到一些党员高

---

① 中共中央党校党章研究课题组编：《中国共产党章程编介》，党建读物出版社2004年版，第261页。
② 转引自邵宁主编：《国有企业改革实录》，经济科学出版社2014年版，第501页。

级领导干部提出"党只管党"的观点。以至于有些国有企业党委书记向省市委书记提出"党组织是否还可以开职工群众会议"的疑问。给我的感觉是，有些人对国有企业党组织的地位、作用问题，认识上发生了严重偏差，脱离了党情、国情，严重偏离了邓小平1980年关于国有企业领导体制改革的设计思想。

1989年6月"政治风波"后，同年8月中共中央政治局讨论并通过，下发了《中共中央关于加强党的建设的通知》，明确指出："当前，要根据近年来的经验，进一步明确企业党组织的地位、任务和作用。""党在企业的基层组织处于政治核心的地位。"① 这是在总结国有企业领导体制改革历史经验的基础上提出来的。1992年10月党的十四大通过的党章修正案规定："全民所有制企业中党的基层组织，发挥政治核心作用，围绕企业生产经营开展工作。"这一规定沿用至党的十九大召开前（党的十六大党章将"全民所有制企业"改称为"国有企业"）。②

28年来，在"发挥政治核心作用"这一重大原则指引下，大部分国有企业党组织在本企业的改革、发展、稳定中发挥了重要作用。2015年8月下发的《中共中央、国务院关于深化国有企业改革的指导意见》，这样评价国有企业："改革开放以来，国有企业改革发展不断取得重大进展，总体上已经同市场经济融合，运行质量和效益明显提升，在国际国内市场竞争中涌现出一批具有核心竞争力的骨干企业，为推动经济社会发展、保障和改

---

① 中共中央文献研究室编：《十三大以来重要文献选编（中）》，人民出版社1991年版，第95页。
② 中共中央党校党章研究课题组编：《中国共产党章程编介》，党建读物出版社2004年版，第278、325页。

善民生、开拓国际市场、增强我国综合实力作出了重大贡献"。① 离开了党组织的政治核心作用，国有企业要取得这样的业绩是不可想象的。

但国有企业党建工作仍然存在不少问题。中央纪委监察部网站载文指出：对中管国有重要骨干企业的巡视发现，"有的企业党组织贯彻党的路线方针政策态度不坚决、执行不到位；违背党的组织原则，用人不守纪律、不讲规矩，'党管干部'变成'一把手'管干部，搞'一言堂'、'家天下'。中央八项规定颁布后，有的仍然顶风违纪，花巨资买豪华度假村，携妻带子公款打高尔夫球；教育实践活动刚刚告一段落，就接着公款吃喝送礼。权力寻租、以权谋私问题严重，亲属子女围着企业转，靠山吃山、损公肥私；以改革为名，打着建立现代企业制度的旗号，贱卖贵买、予取予求，侵吞国有资产如探囊取物。更为严重的是，利用掌握的国有资源，搞团团伙伙、利益输送，围猎领导干部。"文章指出："国有企业出现这些问题根本原因在于，企业党组织主体责任缺失，管党治党不力，领导干部忘记了自己管理的是党领导下的国有企业，党的观念淡漠、组织涣散、纪律松弛。在党要管党、从严治党方面，离党中央的要求还有很大差距。"② 这种倾向必须扭转。

2. 开创党的基层组织建设新局面

党的十八大之后，以习近平同志为核心的党中央全面加强党的领导和

① 中共中央文献研究室编：《十八大以来重要文献选编（中）》，中央文献出版社 2016 年版，第 648 页。
② 中央纪委监察部网站，2015 年 7 月 13 日。

党的建设，坚决改变管党治党宽松软状况，这在党的基层组织建设中得到充分体现。2016 年 10 月 10 日，习近平总书记在全国国有企业党的建设工作会议上的讲话中，尖锐批评了国有企业党的领导、党的建设中存在的问题，在提出总的要求时指出，"坚持党要管党、从严治党，紧紧围绕全面解决党的领导、党的建设弱化、淡化、虚化、边缘化问题，坚持党对国有企业的领导不动摇，发挥企业党组织的领导核心和政治核心作用，保证党和国家方针政策、重大部署在国有企业贯彻执行"①。这里提出"发挥企业党组织的领导核心和政治核心作用"，依据当时的党章，发挥领导核心作用是指党组，发挥政治核心作用是指党委。把发挥领导核心和政治核心作用放在一起说，为党的十九大修订党章作了铺垫。全面解决党的领导、党的建设弱化、淡化、虚化、边缘化问题，不仅针对国有企业党组织建设，而且针对整个基层党组织建设。

党的十九大前所未有地重视党的基层组织建设，这在习近平的报告和党章修正案中，得到充分体现。十九大报告讲党的领导、党的建设时，专门用了一小节讲"加强基层组织建设"，有以下八个要点：第一，讲了加强基层组织建设的重要性："党的基层组织是确保党的路线方针政策和决策部署贯彻落实的基础。"强调"基础"。第二，讲了对基层组织建设总的要求："要以提升组织力为重点，突出政治功能，把企业、农村、机关、学校、科研院所、街道社区、社会组织等基层党组织建设成为宣传党的主张、贯彻党的决定、领导基层治理、团结动员群众、推动改革发展的坚强

---

① 《习近平谈治国理政》第二卷，外文出版社 2017 年版，第 176 页。

战斗堡垒。"这里的重点，是对"组织力"和"政治功能"的理解。组织力，顾名思义是讲组织的能力和组织的力量，组织力有强弱，组织力不够强大，所以要提升。政治功能，关键是对政治本质的把握，如前所引用习近平的论述，人心和民心是最大的政治，突出政治功能，本质上就是突出凝聚人心和民心的功能。第三，专门讲了党支部建设："党支部要担负好直接教育党员、管理党员、监督党员和组织群众、宣传群众、凝聚群众、服务群众的职责，引导广大党员发挥先锋模范作用。"党支部担负两大职责，即加强党员队伍建设、发挥党员作用和做好群众工作。第四，"坚持'三会一课'制度，推进党的基层组织设置和活动方式创新，加强基层党组织带头人队伍建设，扩大基层党组织覆盖面，着力解决一些基层党组织弱化、虚化、边缘化问题"。"三会一课"制度，即党员大会、党小组会、党支部委员会会议和党课制度。党的基层组织设置和活动方式创新，是时代要求，党的建设工作不能弱化，也不能僵化。基层党组织带头人主要指基层党委书记和支部书记，能否建设好这支队伍，是基层组织建设能否搞好的关键。组织覆盖面是提升组织力的基础，是工作有效性的重要保障。解决一些基层党组织弱化、虚化、边缘化问题，是加强党的基层组织建设的目标。第五，"扩大党内基层民主，推进党务公开，畅通党员参与党内事务、监督党的组织和干部、向上级党组织提出意见和建议的渠道"。这是对基层组织发扬民主的要求，有民主组织才有活力。第六，"注重从产业工人、青年农民、高知识群体中和在非公有制经济组织、社会组织中发展党员"。讲发展党员工作要注重的群体。第七，"加强党内激励关怀帮扶"。讲对党员的关心。第八，"增强党员教育管理针对性和有效性，稳妥有序开展不合格党员组织处置工作"。强调党员教育管理工作要有实效，耐人寻味的是，把它与"稳妥有序开展不合格党员组织处置工作"放在一起讲，使我们想到两者的有机联系。

十九大党章修正案，对十八大党章修改的主要内容之一，体现在党的基层组织建设。第五章"党的基层组织"，在第三十二条规定了党的基层组织总的定位的同时，在第三十三条对设在不同社会基层组织中的党的基层组织的定位，作出了不同的规定，分为六种类型。

第一类："街道、乡、镇党的基层委员会和村、社区党组织，领导本地区的工作和基层社会治理，支持和保证行政组织、经济组织和群众自治组织充分行使职权。"这一类党的基层组织的定位，是在本地区的工作中发挥领导作用。基层社会治理属于本地区的工作，专门强调领导基层社会治理，凸显它的重要性。支持和保证行政组织、经济组织和群众自治组织充分行使职权，是明确党的基层组织与这三种组织的关系，以体现党章总纲确定的一条重要原则："党必须在宪法和法律的范围内活动。"

第二类："国有企业党委（党组）发挥领导作用，把方向、管大局、保落实，依照规定讨论和决定企业重大事项。国有企业和集体企业中党的基层组织，围绕企业生产经营开展工作。保证监督党和国家的方针、政策在本企业的贯彻执行；支持股东会、董事会、监事会和经理（厂长）依法行使职权；全心全意依靠职工群众，支持职工代表大会开展工作；参与企业重大问题的决策；加强党组织的自身建设，领导思想政治工作、精神文明建设和工会、共青团等群团组织。"这里出现了两个概念。一是"国有企业党委（党组）"，定位于"发挥领导作用"。"把方向、管大局、保落实"，是对"领导作用"的诠释；"依照规定讨论和决定企业重大事项"，是对发挥领导作用的制度规定。这是对沿用了28年的国有企业党委定位的重大调整，从"发挥政治核心作用"，调整为"发挥领导作用"。二是"国有企业和集体企业中党的基层组织"，定位于"围绕企业生产经营"发挥四大作用，即保证监督作用——保证监督党和国家的方针、政策在本企业的贯彻执行；两种支持作用——支持股东会、董事会、监事会和经理（厂长）依法行使职权，全心全意依靠职工群众，支持职工代表大会开展工作；参与作用——参与企业重大问题的决策；三个方面的领导作用——领导思想政治工作、精神文明建设和工会、共青团等群团组织。为了发挥好上述作用，国有企业党组织要加强党组织的自身建设。国有企业党组织的定位比较复杂，为此，《国有企业党组织工作条例》作了一系列具体规定。

第三类："非公有制经济组织中党的基层组织，贯彻党的方针政策，引导和监督企业遵守国家的法律法规，领导工会、共青团等群团组织，团结凝聚职工群众，维护各方的合法权益，促进企业健康发展。"非公有制经济组织中党的基层组织，在贯彻党的方针政策的总要求下，发挥三大作用，即引导和监督作用——引导和监督企业遵守国家的法律法规；领导作用——领导工会、共青团等群团组织，团结凝聚职工群众；维护作用——维护各方的合法权益。目的是促进企业健康发展。

第四类："社会组织中党的基层组织，宣传和执行党的路线、方针、政策，领导工会、共青团等群团组织，教育管理党员，引领服务群众，推动事业发展。"这是适应社会组织发展趋势，增写的一条款。社会组织中党的基层组织，在宣传和执行党的路线、方针、政策的总要求下，发挥两大作用，即领导作用——领导工会、共青团等群团组织；引领服务作用——一方面引领群众，一方面服务群众。目的是推动社会事业发展。

第五类："实行行政领导人负责制的事业单位中党的基层组织，发挥战斗堡垒作用。实行党委领导下的行政领导人负责制的事业单位中党的基层组织，对重大问题进行讨论和作出决定，同时保证行政领导人充分行使自己的职权。"这里，也出现了两个概念。一是实行行政领导人负责制的事业单位中党的基层组织，将十八大党章规定的"发挥政治核心作用"改为"发挥战斗堡垒作用"，"发挥战斗堡垒作用"比"发挥政治核心作用"内涵更大。一是实行党委领导下的行政领导人负责制的事业单位中党的基层组织，定位于对重大问题进行讨论和作出决定，同时要保证行政领导人充分行使自己的职权。

第六类："各级党和国家机关中党的基层组织，协助行政负责人完成任务，改进工作，对包括行政负责人在内的每个党员进行教育、管理、监督，不领导本单位的业务工作。"党和国家机关中党的基层组织，定位于发挥两方面作用，一是协助作用——协助行政负责人完成任务，改进工作，明确不领导本单位的业务工作；二是教育、管理、监督作用——教育、管理、监督每个党员，特别强调"包括行政负责人在内"。为此，专门制定了《党和国家机关基层组织工作条例》。

十九大党章修正案增写了一条党支部的职责（第三十四条），规定："党支部是党的基础组织，担负直接教育党员、管理党员、监督党员和组织群众、宣传群众、凝聚群众、服务群众的职责。"按照党章第三十二条规定，所有党的基层组织都是"党的全部工作和战斗力的基础"，增写的第三十四条突出"党支部是党的基础组织"，可以理解为，相对于基层党委而言，党支部是基础的基础。

在党的全国代表大会上，如此重视党的基层组织建设，是宣告：党的基层组织建设将开创新局面！

二、"把方向，管大局，保落实"

"把方向、管大局、保落实"，是党章对国有企业党委（党组）的定位，是发挥领导作用的具体体现。仔细斟酌起来，"把方向、管大局、保落实"，适用于所有发挥领导作用的党的基层组织，即街道、乡、镇党的基层委员会和村、社区党组织，实行党委领导下的行政领导人负责制的事业单位中党的基层组织。"把方向、保落实"，在不同程度上适用于非公有制经济组织中党的基层组织，社会组织中党的基层组织，实行行政领导人负责制的事业单位中党的基层组织，各级党和国家机关中党的基层组织。因此，怎么做到"把方向、管大局、保落实"，是党的基层组织必须解决好的带有总领性的大问题。习近平总书记对"把方向、管大局、保落实"作了原则性阐述，我联系基层党组织建设，尤其是国有企业党组织建设实际，谈一些心得。

关于把方向。什么是方向？方向就是行动指南。党章总纲开宗明义规定："中国共产党以马克思列宁主义、毛泽东思想、邓小平理论、'三个代表'重要思想、科学发展观、习近平新时代中国特色社会主义思想作为自己的行动指南。"这是高度抽象的概念，需要联系不同的基层组织实际加以具体化。只有具体化，对实际工作才有真正的指导意义。以国有企业为例，把方向，就要明确国有企业改革的方向。1993 年 11 月召开的党的十四届三中全会，通过了《中共中央关于建立社会主义市场经济体制若干问题的决定》，决定的第二部分是"转换国有企业经营机制，建立现代企业制度"，指出："建立现代企业制度，是发展社会化大生产和市场经济的必然要求，是我国国有企业改革的方向。"①朱镕基总理在1994年11月召开的全国建立现代企业制度试点工作会议上的讲话中指出："关于现代企业制度，十四届三中全会决定有四句话:'产权清晰、权责明确、政企分开、管理科学'，概括得很全面。"②20年后，2013年11月召开的党的十八届三中全会，通过了《中共中央关于全面深化改革若干重大问题的决定》，重申："推动国有企业完善现代企业制度。"③2015年8月印发的《中共中央、国务院关于深化国有企业改革的指导意见》指出："完善产权清晰、权责明确、政企分开、管理科学的现代企业制度"。④长期未变的方向，体现了一以贯之。

国有企业党委（党组）怎么坚持建立现代企业制度这一改革方向，是发挥领导作用必须十分重视的一个重大课题。20多年来，许多国有企业在建立现代企业制度方面做了不少工作，取得了一定成绩，但大多数国有企业用现代企业制度"产权清晰、权责明确、政企分开、管理科学"四要素来对照，差距仍然很明显。为什么建立现代企业制度的过程如此艰难？究竟如何取得新的重大突破？除了"政企分开"主要责任不在国有企业，国有企业自身怎么真正做到"产权清晰、权责明确、管理科学"？这是每个国有企业党委（党组）都应该深入思考的重大问题。可惜，现在真正集

① 中共中央文献研究室编:《十四大以来重要文献选编（上）》，人民出版社1996年版，第523页。
② 中共中央文献研究室编:《十四大以来重要文献选编（中）》，人民出版社1997年版，第1037页。
③ 中共中央文献研究室编:《十八大以来重要文献选编（上）》，中央文献出版社2014年版，第516页。
④ 中共中央文献研究室编:《十八大以来重要文献选编（中）》，中央文献出版社2016年版，第649页。

中足够精力作出这种思考的国有企业党委（党组）书记和所有成员，并不多。过去在一定程度上可以把责任推到董事会或者经理层身上，明确党委（党组）发挥领导作用后，就责无旁贷了。

关于管大局。大局是对整个企业产生举足轻重影响的全局性的大事。立足当下，管大局就是不发生那些带有全局性的负面事件，譬如安全生产方面的重大伤亡事故、环境保护方面的重大污染事件、党风廉政建设方面的严重腐败案件、维护稳定方面的重大不稳定事件等等。着眼长远，管大局就是不发生战略性的重大决策失误——对本区域、本单位产生颠覆性影响、决定命运的决策失误。以企业为例，譬如对本企业企业文化建设的把控，对领导人员和全体员工素质、能力提升的把控，对特别重大的投资项目的把控，对产品未来市场需求的预判，对互联网带动的新工业革命发展趋势的预判，对商业模式、经营管理体制变革趋势的预判等等，都是管大局的题中之义。现在，不少基层组织党委的精力，过多地放在处理日常事务。这样，不仅不能集中精力管大局，而且容易与董事会、特别是经理层产生职责交叉，不利于充分发挥董事会的决策作用和经理层对日常经营管理的指挥作用。党委应该下决心摆脱这种状况，学一学老子的"无为而治"思想，无为而治当然不是什么事都不做，而是坚持做最主要、最重要、最必要的事。老子曰："为无为，则无不治。""少则得，多则惑。""无为而无不为。"① 这是领导智慧。

关于保落实。保落实，与把方向、管大局紧紧联系在一起。把方向、

---

① 〔魏〕王弼注，楼宇烈校释：《老子道德经》，中华书局 2011 年版，第 9、58、132 页。

管大局不是空泛地说说而已，而要落实。做事不认真、言行不一致，乃至搞形式主义、官僚主义，是我党坚决反对的不正之风，却曾经相当普遍地充斥于市，至今仍未根绝，提出"保落实"具有很强的针对性。党的基层组织保落实，要在本区域、本单位弘扬令行禁止、说到做到的正气。对中央和上级党委的指示，不仅要及时传达、大力宣传，而且要在紧密联系本单位的实际贯彻落实上下功夫，保落实要体现在事实上的工作进步。保落实，不仅是一个风气问题，而且是一个治理和管理问题。基层党组织要积极推进依法治理，不断优化业务流程，通过系统优化来保证强大的执行力。

三、正确处理党组织与其他治理主体的关系

讲"治理主体"要先讲"治理"。古往今来都有治理，我们现在讲的是现代治理，或者说治理的现代化。现代治理的意义，主要在明确责权和与协调一致并重的相互制衡。2019 年 10 月，党的十九届四中全会通过了《中共中央关于坚持和完善中国特色社会主义制度　推进国家治理体系和治理能力现代化若干重大问题的决定》(以下简称《决定》)，提出的目标是实现国家层面的治理现代化，包括治理体系现代化和治理能力现代化。治理体系是指为治理所必须的一整套紧密相连、相互协调的制度，治理能力是指运用这套制度来处理各方面事务的能力。现代化治理不同于古代或近代的治理，现代化治理的基本特征是科学、民主和法治，或者说科学、民主和法治是现代化治理的思想基础和基本方法。《决定》指出："提高党科

学执政、民主执政、依法执政水平。"①科学执政、民主执政、依法执政，是处于领导地位的中国共产党推行国家现代化治理，对自身提出的明确要求。为了做到科学执政、民主执政、依法执政，党的各级组织就要在治理体系中，处理好与其他治理主体的关系，基层组织也不例外。

不同的社会基层组织有不同的治理主体，党的基层组织要按照不同的定位，依据相关法律法规的规定，正确处理与不同治理主体的关系。以国有企业（包括国有独资和国有控股企业）为例。《中华人民共和国公司法》（以下简称《公司法》）规定，国有企业有六个治理主体。一是股东会，二是董事会，三是监事会，四是经理（经理层），五是职工、工会和职工代表大会，六是党组织。作为治理主体的党组织指企业党委（党组）和独立法人企业的党支部，如何正确处理与其他五个治理主体的关系，是处于领导地位的国有企业党组织亟待解决好的大问题。

国有企业党组织与股东会的关系，国有独资企业与国有控股企业有所不同。国有独资企业不设股东会，由国有资产监督管理机构（国资委）行使股东会职权。国有企业党组织与国资委党委的关系，是上下级关系，受国资委党委领导。国有控股企业党组织除了受国资委党委领导外，还要正确处理与股东会的关系，按照党章的规定，党组织要支持股东会依法行使职权。股东会是公司的权力机构，《公司法》对股东会的职权作了明确规定。按照法律规定，公司需要提交股东会审议决定的事项都是特别重大的事项，且这些事项在提交股东会审议之前，都须提交董事会审议。所以党

---

① 新华社 2019 年 11 月 5 日电。

组织一般无需直接处理与股东会的关系，只要正确处理与董事会的关系，与股东会的关系也就不存在问题。

国有企业党组织与董事会的关系，情况比较复杂。如前所述，按照党章规定，"国有企业党委（党组）发挥领导作用，把方向、管大局、保落实，依照规定讨论和决定企业重大事项"，同时规定党组织要支持董事会依法行使职权。董事会是公司的决策机构，《公司法》对董事会的职权作了明确规定。2020年8月中共中央办公厅颁发的《国企改革三年行动方案（2020—2022年）》（以下简称《国企改革三年行动方案》），用"定战略、作决策、防风险"，概括了董事会职权。这与决策机构的定位并不相悖，而是题中应有之意，定战略就是作战略决策，防风险就是防决策风险。党组织与董事会都承担决策功能，就需要厘清各自在决策层面的权责。对此，《国有企业党组织工作条例》和《公司法》分别作了规定。党组织承担决策功能，除了体现在决策程序上外，还可以把党建工作的有些重要载体与酝酿重大问题决策结合起来，作为程序的必要延伸。譬如党委中心组学习和领导班子务虚会，就如何解决企业改革发展中的一些重点和难点问题，开展专题研讨。

国有企业党组织与监事会的关系，按照党章的规定，党组织要支持监事会依法行使职权。《公司法》对监事会的职权作了明确规定，党委书记应该与监事会主席保持密切的沟通关系。中央企业现在不设监事会，原由监事会承担的权责，移交给国家审计署承担。

国有企业党组织与经理（经理层）的关系，按照党章的规定，党组织要支持经理（经理层）依法行使职权。《公司法》对经理（经理层）的职权作了明确规定。经理层承担的是执行权责，《国企改革三年行动方案》

用"谋经营、抓落实、强管理"来概括经理层的权责。党组织支持经理层依法行使职权，应该开展的工作面广量大，聚焦队伍建设，包括党员队伍建设，领导班子、领导人员队伍建设，人才队伍建设和员工队伍建设。较早前人们常说的"带好队伍，完成任务"，就是通过队伍建设，保证和促进生产经营任务的完成。经理层虽然主要承担执行功能，但在日常生产经营指挥中也承担相应的决策功能。同时，在董事会授权下，还承担一部分重大问题决策功能。

按照有关规定，拟提交董事会和经理层审议的重大问题决策议案，在审议前，设了一个先经过党组织研究讨论的"前置程序"。这些规定怎么在每一个企业实施，需要企业制定相应制度，开列党组织与董事会和经理层在决策层面的权责清单。

国有企业党组织与职工、工会和职工代表大会的关系，按照党章的规定，党组织领导工会、共青团等群团组织，全心全意依靠职工群众，支持职工代表大会开展工作。党组织领导群团组织，不是把群团组织当成党组织或者企业的一个工作部门，而是支持群团组织按照各自的章程独立开展工作，避免其行政化而失去存在的价值。党组织支持职代会开展工作，要帮助职代会落实好法定权责。

从现状看，党的十八大以来，尤其是党的十九大以来，大多数国有企业党组织在处理与其他五个治理主体的关系方面，建章立制已经基本完成。值得关注的是制度的认真落实和在落实中不断完善。现代治理问题本质上是法治问题。法治要求有法可依和有法必依，支撑有法可依和有法必依的是法治精神，而法治精神的基础则是科学和民主。没有科学和民主就没有真正的法治精神，也就没有真正的现代治理。

邓小平1980年在《党和国家领导制度的改革》中指出："党和国家现行的一些具体制度中，还存在不少的弊端，妨碍甚至严重妨碍社会主义优越性的发挥。如不认真改革，就很难适应现代化建设的迫切需要，我们就要严重地脱离广大群众。"他列举了五大弊端，即"官僚主义现象，权力过分集中的现象，家长制现象，干部领导职务终身制现象和形形色色的特权现象"。他认为，这些弊端"多少都带有封建主义色彩"。他分析道："我们进行了二十八年的新民主主义革命，推翻封建主义的反动统治和封建土地所有制，是成功的，彻底的。但是，肃清思想政治方面的封建主义残余影响这个任务，因为我们对它的重要性估计不足，以后很快转入社会主义革命，所以没有能够完成。"[①]他没有用"启蒙"这个词，其实启蒙所要解决的，正是"思想政治方面的封建残余影响"——缺少科学和民主的问题。

20世纪80年代，以"实践是检验真理的唯一标准"大讨论为突破口的解放思想，是一次真正意义上的科学和民主的启蒙，有力地推动了经济体制和政治体制改革，产生重大而深远的影响。可以毫不夸张地说，没有那一次启蒙，就没有今天的改革开放。但是，启蒙中出现了简单化和走极端现象，有的人脱离中国国情，提出要照搬照抄资本主义国家的政治体制。在封建残余影响尚未消除的中国社会，科学和民主的启蒙本来就阻力重重，加上走极端的干扰，就难上加难了。40年前邓小平提出的"肃清思想政治方面的封建残余影响这个任务"，至今没有完成。习近平总书记

---

① 《邓小平文选》第二卷，人民出版社1994年版，第327、334、335页。

在关于反对官僚主义的讲话中指出："有的官气十足、独断专行，老子天下第一，一切都要自己说了算，拒绝批评帮助，容不下他人，听不得不同意见。""官僚主义实质是封建残余思想作祟，根源是官本位思想严重、权力观扭曲"。[①]

官僚主义在基层治理方面的主要表现，先前是不把治理制度当一回事，你说你的，我行我素；特别是一些主要负责人，习惯于一个人说了算。现在，制定基层治理方面的制度正在成为刚性要求，有关制度必须制定，不制定要被追责。有些人便有意或无意地在制度执行方面打折扣，有的领导干部带头不执行制度，导致制度形同虚设。随着上级监督机构加强对制度执行情况的检查，有章不循不行了，有些人程序上执行了，事实上还是一个人说了算，程序反而给一个人说了算披上了合法外衣。受根深蒂固的封建残余思想的影响，在不少人的潜意识里，"人治大于法治""一个人说了算"是理所当然的事。基层党组织要处理好与其他治理主体的关系，党员干部，关键是党委书记，首先要增强科学和民主意识。

近些年来，越来越多的学者呼吁在基层"让群众成为社会治理的主体"。武汉大学中国乡村治理研究中心研究员吕德文指出，"我国的社会治理还存在诸多短板，社会活力不足是其中的重要表现。在很多社会事务中，基层社会普遍存在'政府在干，群众在看'的现象。一些本属于社区自治范畴内的事务，越来越成为政府的公共服务"，"群众是被动对象"。

---

① 中共中央党史和文献研究院编：《习近平关于力戒形式主义官僚主义重要论述选编》，中央文献出版社 2020 年版，第 22、24 页。

上述做法的结果是"社会治理在丧失活力"。他建议:"通过党的领导的政治优势,以及政府主导的强大统筹协调能力,把群众动员和组织起来,让群众成为社会治理的主体。一旦群众成为社会治理的主体,具有自我管理、自我教育和自我服务的实践,社会就会有无限活力。"①基层党组织理应按照这样的思路来处理好与群众治理的关系。

---

① 《环球时报》2020 年 12 月 4 日。

聚焦于"根"和"魂"

习近平总书记 2016 年在全国国有企业党的建设工作会议上的讲话中指出:"坚持党的领导、加强党的建设,是我国国有企业的光荣传统,是国有企业的'根'和'魂',是我国国有企业的独特优势。"①这段话对国有企业党组织建设的重要性作了精辟概括,原则上也适用于党的所有基层组织。"光荣传统"讲历史形成和历史证明;"'根'和'魂'","根"释为"根本",人是根本,包括从领导干部到普通群众的所有人,"魂"指理想信念、思想文化和精气神;"独特优势"讲中国特色。三句话相互渗透,核心是"'根'和'魂'"。因为成功地做"'根'和'魂'"的工作,党的领导和党的建设才成为光荣传统和独特优势。

党章第三十二条规定了党的基层组织的基本任务,共八项,工作对象包括"党员""党内外的干部和群众""要求入党的积极分子""党员干

---

① 《习近平谈治国理政》第二卷,外文出版社 2017 年版,第 176 页。

部和其他任何工作人员"，都是"人"。工作内容包括"宣传和执行党的路线、方针、政策和执行党中央、上级组织和本组织的决议"，"组织党员认真学习马克思列宁主义、毛泽东思想、邓小平理论、'三个代表'重要思想、科学发展观、习近平新时代中国特色社会主义思想"等，基本都属于思想政治工作范畴，针对着人之"魂"。

一、根本在人："现代化的本质是人的现代化"

根本在人，即"以人为本"。薛德震对以人为本从四个维度作了诠释：以人为本从哲学上说就是要以人为本位，从经济上说就是我们的一切生产要以满足人的需要为目的，从政治上说就是要以人民为主人，从伦理道德上说就是要把人当作人来对待。①2006 年，我提出过这样一个观点：党的十一届三中全会后对"阶级斗争为纲"的拨乱反正，不仅要从"阶级斗争为纲"转移到以经济建设为中心，而且要从"阶级斗争为纲"转移到"以人为本"②。我走上国有企业党委书记岗位是在改革开放后的 20 世纪 80 年代中期，吸取了"文革"的沉痛教训，在党的建设工作中坚持以人为本有所自觉。2007 年，我把 20 年学习思考和实践积累的有关文章结集成《以人为本与基层党组织建设》一书，由上海人民出版社出版。有人说我在党的基层组织建设方面坚持以人为本"40 年来没有变"，确实如此，当然不

---

① 参阅薛德震著：《以人为本构建和谐社会 20 论》，人民出版社 2006 年版，第 3—15 页。

② 参阅刘国胜著：《以人为本与基层党组织建设》，上海人民出版社 2007 年版，自序第 6—7 页。

变是相对的，不变中也有变——认识不断提高。

1. 正确处理技术、制度和人的关系

薛德震提出以人为本的四个维度，读后颇受启发。可以拓展的是，如何认识人在一个国家经济和社会发展中的作用。近代中国志士仁人在内忧外患中寻求救国救民之道，开始提出"师夷长技以制夷"，即通过学习西方的先进技术，发展经济，增强实力，来抵御西方列强的侵略。后又主张学习西方政治制度，通过社会变革来扭转古老中华衰败的颓势，走上中兴之路。实践中，走技术之路的洋务运动，走制度之路的戊戌变法和辛亥革命，虽有成就——尤其是辛亥革命，但最终均遭失败，于是有识之士认识到一切都取决于造就"新人"——"新民"。近代维新派领袖梁启超认为，"吾国言新法数十年而效不睹"，原因在于对"新民之道"缺乏足够注意。因此他在 1902 年便提出"新民为今日中国第一急务"的主张，为许多人所接受并进一步发展。[①] 在"新民之道"基础上又有重大发展的，是几年后鲁迅提出的"立人"思想。

鲁迅分析欧洲和美国强盛的根本原因，得出"欧美之强根柢在人"的结论，提出要把中国建成"人国"的救国救民主张："外之既不后于世界之思潮，内之仍弗失固有之血脉，取今复古，别立新宗，人生意义，致之深邃，则国人之自觉至，个性张，沙聚之邦，由是转为人国。人国既建，

---

① 参阅杨义著：《中国现代小说史（上）》《杨义文存》第 2 卷），人民文学出版社 1998 年版，第 4 页。

乃始雄厉无前，屹然独见于天下，更何有于肤浅凡庸之事物哉？"在他看来，取今日世界各国的进步文化，承中国古代优秀文化遗产，另立气象一新的学派，使人生获得更加深刻的意义。这样，国民的自觉精神就会兴起，独立人格也能得到发展，像一盘散沙似的国家就能有凝聚力，成为以人为本的国家。

根柢在人，也是国际社会有识之士的共识。以依法治国闻名于世的新加坡开国总理李光耀，经过几十年深入研究国际政治局势得出如下结论："很多非常理想的政体都以失败告终。英国和法国曾经为其殖民地制定过80多部宪法，这些宪法、制度、权力制约与平衡都没有什么问题，但这些社会没有出现有能力运作这些制度的优秀领导人，而且这些社会的成员也不尊重这些制度……继承了这些制度的领导人是不称职的，结果爆发了骚乱、政变或革命，他们的国家失败了，政体也崩溃了。""如果一个民族因为找不到合适的人才运作民主制度而丧失信念，那么无论这个制度多么完美，终将消亡"。[1]

回到当下中国。100多年后的今天，越是走在现代化前列的中国人，就越能体会鲁迅"首在立人"观点的重要。我2003年2月至2014年2月在宝钢工作，宝钢是我国改革开放的产物，被公认为中国现代化程度最高的企业之一。宝钢的硅钢部、宝日汽车板公司和宝菱重工公司，又是走在宝钢最前列的制造单元。我在这三家企业调查研究时发现，要研发、制造出世界一流产品，仅仅靠先进设备和管理制度不够，说到底要靠全体员

---

① [美]格雷厄姆·艾利森、罗伯特·D.布莱克威尔、阿里·温尼编，蒋宗强译：《李光耀论中国与世界》，中信出版社2013年版，第38、39页。

工的高素质。现在，中国许多钢铁企业拥有世界先进的设备，也运用了一些很新的管理方法和管理工具，但并没有完全掌握世界一流的技术，生产出更多达到世界高端水平的产品。其他领域情况也差不多。2019年美国《财富》杂志营业收入前500排名，中国大陆（含香港）公司达到124家，历史上首次超过美国（121家）。加上台湾地区的企业，中国共有133家公司上榜。但"庞大"不等于"强大"，前500企业平均利润为41亿美元，而中国上榜企业为35.6亿美元（其中中国大陆企业平均利润不到35亿美元，约为美国上榜企业70亿美元的一半），且没有作劳动生产率比较。全球创新企业前100排名和最具价值品牌前100排名，中国企业上榜寥寥。

我国已成为全球贸易第一大国，但出口产品相当一部分是贴牌加工，所谓的"中国制造"本质上只是"中国加工"。新冠肺炎疫情暴发后，口罩需求量激增。中国是口罩生产大国，据《财经》杂志2020年2月26日报道，中国2019年生产50亿只口罩，产量居世界第一。每只口罩赚几厘钱，盈利靠海量出口。中国是口罩制造强国吗？不是。口罩界的世界级品牌，是来自美国的3M和霍尼韦尔，还有日本的尤妮佳。这些国外品牌口罩的价格，往往是国内同类产品的十倍以上。口罩产业不过是技术土壤里长出的一棵大树，是系统解决方案的一个分支，背后是材料和装备的竞争。它不以单项产业的规模取胜，而以底层技术向各领域渗透取胜。以尤妮佳为例，它最大的优势来自强大的情报收集能力和对用户个性化需求的把握。尤妮佳开发了专门面向女士的小脸口罩，并凭借无纺布吸收材料为轴心多面拓展，成为生活护理领域的超级巨头。利用标准确定行业领导地位，则是更高层面的竞争优势。比如疫情中大家追捧的N95口罩，就是美国标准。但要确定这个标准，需严格的测试流程和专业测试仪器。国内 N95 生产企业的大部分利润，都被这些标准测试机构给拿走了。口罩产业，中国的优势在于低成本和高产能，产业的金字塔尖依然被制造业强国垄断，这背后是一套制造强国的工业哲学。

我国大而不强，这是美国以中国为主要战略对手，开打人类历史上最大贸易战的根本原因之一。1933 年，鲁迅指出："国际的财神爷扼住了中国的喉咙，连气也透不出，甚么'国货'都跳不出这些财神的手掌心。"中国产品在国际市场上缺乏竞争力，这是技不如人所致。新中国成立以来，尤其是改革开放以来，我国科技取得举世瞩目的巨大成就，但自主创新能力不强仍是软肋。科技日报总编辑刘亚东指出："我们还有很多亟待攻克的核心技术，还有很多'卡脖子'的难题让我们在发展的道路上不能扬眉吐气。"大而不强，技术背后的原因是体制机制，体制机制背后的原因是人的素质。刘亚东分析道，在人的素质方面存在三个缺乏，即"缺乏科学引领，缺乏工匠精神，缺乏持之以恒的情怀"[1]。与鲁迅所处的那个时代相比，从总体上看中国人的素质有了明显提高，但与新时代要求相比，还有相当大的差距，直接影响了中国由大变强，而这种影响恰恰是决定性的。据我观察，不仅企业，而且中国社会的各个领域大都如此。人的素质问题已成为当代中国发展的瓶颈。可惜，人们在谈论经济转型和社会进步时，从这个角度分析问题者不多，下决心采取有力措施解决问题的更少。重温鲁迅 100 多年前提出的"首在立人"，可以使人警醒。

---

[1] 参阅刘亚东主编：《是什么卡住了我们的脖子》，中国工人出版社 2019 年版，引子第 2—6 页。

我国正处于现代化建设的关键时期，习近平强调指出："现代化的本质是人的现代化"①。这个论断凸显了我党所要实现的现代化以人为本。人的现代化包括物质生活现代化和精神生活现代化，两者都很重要，相互渗透，相辅相成，但相比之下精神生活现代化更重要。这是因为，就人类整体而言，物质生活现代化是由精神生活现代化推动的，没有后者就没有前者。譬如，如果没有以科学和民主支撑的创新思想和制度，就破解不了"卡脖子"技术难题，就提升不了物质产品品质。这又是因为，人区别于动物的是精神生活，离开了精神生活现代化，即使享受了他人（实现了精神生活现代化的人）创造的现代物质文明，仍然没有真正的幸福可言。党的基层组织建设，就是在基层单位面向工作范围内的所有人，帮助他们实现自身现代化，这是基层事业发展之"根"，没有比这更重要的了。

2. 从人力资源开发角度看基层党建价值

最重要的工作往往又是最难做的工作，"十年树木百年树人"说的就是这个道理。我读小学时，刚听老师讲这句话时还不理解，怀疑是不是说反了，应该是"十年树人百年树木"。否则，一般人活不过百岁，都不能实现"树人"目标，岂非太可悲？后来才明白，"百年树人"是就一个民族整体而言。一个民族的整体素质要摆脱历史局限性，克服国民性弊端，实现自身的现代化，没有两三代人、100 年左右时间，是不可能做到的。

---

① 中共中央宣传部：《习近平新时代中国特色社会主义思想学习纲要》，学习出版社、人民出版社 2019 年版，第 59 页。

越是历史悠久的民族，历史意识形态惯性大，包袱重，越不容易做到。有的古老民族，就在这过程中衰败了。中华民族不仅没有衰败，而且正在为实现民族的伟大复兴顽强奋斗。这一方面证明中华民族传统文化的强韧性，另一方面与历代民族精英不懈地进行文化创新密切相关。同时要清醒地看到，古老的中华民族向现代化转型的复兴之路十分艰难曲折。国防大学教授金一南以《苦难辉煌》为自己的中共党史著作命名，颇为传神。

复兴之路难，客观是外敌强大造成，主观则是自身"树人"不易所致。一方面要看到，与100年前相比，中国人在自身现代化方面有了长足进步。否则，就不可能有辛亥革命的成功、抗日战争的伟大胜利，就不可能有中国共产党的成立、新中国的诞生和改革开放取得的巨大成就。另一方面也要看到，对标"人的现代化"，五四新文化运动前后先哲先贤们所批判的国民性弊端，至今依然在不同程度上大量存在，影响人的积极性、主动性、创造性的发挥和改革开放的深化，阻碍中国现代化进程。譬如，不随地吐痰、不乱丢垃圾，明确作为行为规范提出来，少说也已有几十年，但时至今日许多人对此恶习仍不以为然，即使在北京、上海这样文明程度最高的大都市，也远未绝迹。新冠肺炎疫情暴发后，人们出于自我保护意识自觉戴上了口罩，但有些人还是脱了口罩随地吐痰，或者将换下的旧口罩随地乱扔。这里至少折射出三种文化现象：第一种，并不认为这是问题，你说你的，我行我素；第二种，虽然知道这不好，但看到这种现象却习以为常，见怪不怪，不愿多管闲事；第三种，领导干部、管理人员言行不一，会上说纸上写一套，做的是另一套。三种文化现象体现的是愚昧加麻木。加以类推，如果上述现象反映在产品制造上会是什么结果，反映在社会服务上又会怎样。

历史和现实一再提醒我们，人的复兴、素质提高，是一个艰难而漫长的过程。为了民族复兴，总要有人知难而进、迎难而上。中国人的现代化，如此重任，谁来承担？中国共产党。没有大难就不需要共产党，在此意义上可以说，我党是应难而生。党为什么能够克服常人难以想象的困难？因为在路线、方针、政策正确的前提下，建设了一支发挥先锋模范作用的党员队伍。共产党员能够带头实现自身现代化，在此基础上带动广大群众实现现代化，使得人的现代化过程变得相对顺利、相对快，其意义重大而深远。对个体而言，只要沿着正确方向，坚持不懈努力，并不需要特别长时间，就可以实现自身现代化。在我看来，完成基本学业、踏上社会后，十年左右就能达成。以实现自身现代化为目标，三十而立（或许延续到 35 岁左右）是可能做到的。当然，现代化是动态的、不断发展的，实现自身现代化不能一蹴而就，需要终身学习、终身努力。在这个意义上，仍应用"百年树人"来激励自己。共产党员应该带头成为这样的人，并带动自己身边的群众成为这样的人。

　　第一讲开头谈到 2003 年中组部部务委员刘是龙向我提出的一个重要问题，即怎么看党建工作与国有企业自身发展的关系。我谈了这样一个观点："人力资源是企业的第一资源，党员队伍是有坚定信念和严密组织的先进人力资源，所以国有企业党建工作对国有企业的改革发展而言，具有独特优势。"① 具体地说，企业经营管理其实就是资源配置，经营管理水平高低取决于资源配置是否合理、有效。传统资源包括人、财、物，进入

---

① 我当时表述为"党员队伍是由严密组织的先进人力资源"，之后我的秘书田钢建议在"严密组织"前增加"坚定信念"，十分必要。

信息化时代，信息资源独立出来，资源就包括人、财、物、信息四大资源。四大资源都十分重要，缺一不可，但也分优先等级，人力资源是第一资源，财、物和信息都由人掌控。企业核心竞争力大小，企业的优劣、强弱，归根结底由人力资源素质决定。但如前所述，人力资源作为最重要的资源，却又是最难配置的资源。

通过加强基层党组织建设，破解最难配置的资源配置之难题，企业提升核心竞争力、做优做强，就有了可靠保证。一般外国企业管理有两个基本层面，即管理层和被管理层。中国国有企业还有渗透于这两个层面的党员队伍，发挥先锋模范作用，并且团结和带动广大员工共同进步。在各种优势中，人的优势是最重要的优势，中国国有企业所具有的党员队伍这一先进人力资源优势，能够成为企业发展最重要的优势。这种优势是一般外国企业没有的，是我们的独特优势。对以上分析，是龙同志非常认可。之后，在对外交流中，一些国外著名企业领导人也问过我类似问题。他们说，你给我们的名片上写的是宝钢副董事长，但我们知道你还是一个政治人物，你能告诉我们你在宝钢起什么作用吗？我把上面的意思向他们作了介绍，他们像发现了新大陆一样说："宝钢这样做政治工作，真是出乎我们的想象！共产党组织这样开展工作，成为企业发展的优势是必然的。"一个外国商学院还专门到宝钢找我做管理案例。

二、理想信念是"魂"——疗治"精神缺钙"

人的精神生活的核心问题是理想信念问题。人类社会进入现代后，出现了一种始料未及的情况，那就是随着物质生活水平迅速提高，精神生活非但没有同步发展，反而受到严重冲击，表现为物欲压抑甚至压倒精神追求，许多人在"信"的方面颇感困惑。在特殊的历史文化背景下，这种现象在中国尤为突出。党的十八大以来，习近平总书记反复强调理想信念教育的重要性，很有针对性。

1. 我们有过"激情燃烧的岁月"

习近平指出："坚定理想信念，坚守共产党人精神追求，始终是共产党人安身立命的根本。对马克思主义的信仰，对社会主义和共产主义的信念，是共产党人的政治灵魂，是共产党人经受住任何考验的精神支柱。形象地说，理想信念就是共产党人精神上的'钙'，没有理想信念，理想信念不坚定，精神上就会'缺钙'，就会得'软骨病'。"[①]事实上，"精神缺钙"问题已经发生，并带来严重后果，主要表现在两个方面。一是出现令人震惊的腐败现象。十八大后至十九大前的五年中，440多名省军级以上党员干部及其他中管干部、8900多名厅局级干部、6.3万多名县处级干部严重违纪违法受到惩处[②]。分析领导干部腐败的深层次原因，无一例外都与"精神缺钙"有关。二是相当一部分党员和党员干部缺乏为实现中国梦而奋斗的内生动力。具体表现为精气神不振，乃至出现程度不同的"不作

---

① 中共中央文献研究室编：《十八大以来重要文献选编（上）》，中央文献出版社 2014 年版，第80 页。

② 本书编写组编著：《党的十九大报告辅导读本》，人民出版社 2017 年版，第 18 页。

为"现象。这当然与体制机制不完备有密切关系，但深层次的原因也离不开"精神缺钙"。

为了疗治"精神缺钙"，有必要对中国人的理想信念状况作一个简要的历史分析。中国传统文化，是以儒家学说为主的儒道释结合。以孔子为代表的儒家学说，曾经成为大部分中国人的精神支柱。儒道释互补，在相当长的历史时期内，基本解决了大多数中国人"信"的问题。然而，由于儒道释不可避免的局限性，尤其是封建统治者对儒学作了有利于专制统治的解说和传播，其负面作用越来越大，终于沦为毒化中国人的思想和维护专制统治的工具。五四时期一些学者提出打倒贩卖伪儒学的"孔家店"，具有历史必然性和合理性，但在救亡至上的历史条件下，难免矫枉过正，冲击了本原的儒学乃至儒学精华，许多中国人"信"的问题由此陷入困惑。使大多数中国人摆脱困惑的，是中国共产党。党在团结和带领中国人民进行革命和建设的过程中，传播马克思主义、共产主义学说，解决中国人"信"的问题取得重大突破。革命先烈夏明翰"砍头不要紧，只要主义真"的诗句，长征组歌中"革命理想高于天"的唱词，正是中国共产党人信念坚定的体现。新中国成立后的20世纪50年代到60年代前期，包括我们这些新中国同龄人在内的许多人，都有过以马克思主义、共产主义为理想的"激情燃烧的岁月"。

然而，"文革"十年，使得许多中国人经受"信"的再度冲击。分析原因，我以为大致有相互影响的五点：一是国际共产主义运动遭受重大挫折，主要是苏联解体和东欧剧变。二是我党执政后，在取得巨大成就的同时犯了错误，尤其是"文革"那样的严重错误。三是与这些错误相伴相生的对马克思主义、共产主义学说的片面甚至歪曲解说。四是伴随这些错误而盛行的说一套做一套的"两面人"作风。五是各种不同的价值观通过互联网广泛传播，使缺乏文化底蕴者无所适从。上述因素，特别是国内因素，对于那些真诚和善良的人们的"信"的打击，是悲剧性的，对有些人来说甚至是毁灭性的。改革开放后拨乱反正，我党准确解说马克思主义，逐步形成中国特色社会主义理论体系。理论指导实践，改革开放取得举世瞩目的成就，解决人们"信"的问题取得了积极效果。但现实中出现的种种不尽如人意的问题——除了上述问题的延续，还产生了一些新的问题，譬如腐败的滋生，贫富差距的不合理扩大，形式主义、官僚主义的泛滥等等，当代不少中国人、包括不少共产党员，对于"信"的问题仍然颇感困惑。怎么才能坚定理想信念？这是基层党组织建设中，面对的头等大事。我认为需要把握两个基本点，即理论上准确认识和解说，行动上领导干部带头积极实践。

2. 准确认识和解说马克思主义

我以为，对于马克思主义，理论上的准确认识和解说须做到四点，即原本的解说，还原马克思主义真精神；文化的解说，放在人类文明的历史长河中看马克思主义；发展的解说，用马克思主义中国化的最新成果来解说；释疑解惑的解说，不回避热点、难点问题。

原本的解说是基础。要认识到马克思主义是人的解放和发展的学说，这里的人，包括每个人、所有人。1847 年至 1848 年，马克思、恩格斯在《共产党宣言》中用 54 个字诠释共产主义："代替那存在着阶级和阶级对立的资产阶级旧社会的，将是这样一个联合体，在那里，每个人的自由发展是一切人的自由发展的条件。"①1894年，意大利社会党人朱·卡内帕请晚年的恩格斯为同年3月起在日内瓦出版的《新世纪》周刊找一段题词，用简短的字句来概括未来的社会主义新纪元。恩格斯从《共产党宣言》中摘出了上述这段话作为答复，他说：除了这段话，"我再也找不出合适的了"②。可见这段话体现了马克思主义真精神。令人遗憾的是，改革开放前大多数马克思主义诠释者，或者回避这段话，或者不把它作为马克思主义最核心的思想来诠释。正如1988年复旦大学教授俞吾金指出："在马克思的学说中，人拥有至高无上的地位。"但是"长期以来，我们的哲学教科书照搬苏联的模式，在很大程度上曲解了马克思主义哲学的真精神"，"把人的问题弃之一边"③。2001年他进一步指出："人文关怀是马克思主义哲学的一个基本维度，但在马克思哲学的传播过程中，这个维度被遮蔽起来了。"④

今天，我们再也不能离开"人"来谈马克思主义、社会主义和共产主义，再也不能把个体和集体对立起来，离开个体的人来谈"人"。人的理想，怎么可能离开人而凭空存在呢？离开人谈人的理想，又怎么谈得上正确、高尚乃至坚定呢？2001年7月，江泽民总书记在纪念中国共产党成立80周年大会上的讲话中，对共产主义社会作了"三句话"的解说："共

① 《马克思恩格斯文集》第二卷，人民出版社2009年版，第53页。
② 《马克思恩格斯全集》第三十九卷，人民出版社1974年版，第189页。
③ 俞吾金著：《寻找新的价值坐标——世纪之交的哲学文化反思》，复旦大学出版社1995年版，第490、491、492页。
④ 俞吾金著：《从康德到马克思：千年之交的哲学沉思》，北京师范大学出版社2017年版，第439页。

产主义社会，将是物质财富极大丰富，人民精神境界极大提高，每个人自由而全面发展的社会。"①2019 年 5 月，习近平在纪念马克思诞辰 200 周年大会上的讲话中，引用了《共产党宣言》中的上述这段话的后 32 个字，体现了我党理论上的成熟。

文化的解说，要放在人类文明史中看马克思主义与先进文化的关系。马克思主义集人类文明之大成，吸取并超越了它之前的人类文明成果，从为少数人发展到为多数人、为所有人，从空想发展到科学。当我们从文化的角度解说马克思主义时，有必要分析一下中国文化、主要是五四新文化和它的关系。这方面，梳理鲁迅关于理想信念的论述，给我们以重要启迪，主要有以下六点：第一，人的内心要"有理想的光"。"人心必有所冯依，非信无以立"。"人到无聊，便比什么都可怕，因为这是从自己发生的，不大有药可救。"第二，理想要有意义。"虽然高下不同，必须有个意义。"意义何在？"自他两利固好，至少也得有益本身。"请看鲁迅本人对"意义"的追求，"自问数十年来，于自己保存之外，也时时想到中国，想到将来，愿为大家出一点微力"。第三，理想的目标是"致人性于全，不使之偏倚"。针对"主奴文化"和"物奴文化"，他提出"尊个性而张精神"。如前所述，当然绝不否定群体和物质。第四，理想的目标，"生存、温饱、发展"是三大要素。"所谓生存，并不是苟活；所谓温饱，并不是奢侈；所谓发展，也不是放纵。"第五，重在言行一致。辛亥革命后理想价值跌落，是因为没做到"理论上的事情，著著实现"。"单是话不行，要紧

① 中共中央文献研究室编：《十五大以来重要文献选编（下）》，人民出版社 2003 年版，第 40 页。

的是做。""空谈之类，是谈不久，也谈不出什么来的"。"巨大的建筑，总是一木一石叠起来的，我们何妨做做这一木一石呢？"第六，让为理想奋斗的人们享受理想实现的阶段性成果。要问理想的宣传者："你们将黄金时代的出现豫约给这些人们的子孙了，但有什么给这些人们自己呢？"鲁迅谈理想信念，基本观点与马克思主义非常吻合，却又让我们深切感受到先进文化的魅力。

用马克思主义中国化的最新成果来解说。最新成果的主要特点是，既体现马克思主义真精神，又契合当代中国实际。上面引用的江泽民和习近平的有关讲话内容，已经证明了这一点。这里再作些展开。党章总纲开宗明义指出：中国共产党"代表中国最广大人民的根本利益"，"坚持全心全意为人民服务"。党章要求党员"坚持党和人民的利益高于一切"。毛泽东用通俗的语言解说马克思主义、共产主义，"马克思主义基本原则是为人民服务"[1]。"我们工作的目的是为共产主义，具体讲就是平时说的为人民服务。"[2]马克思主义中国化的最新成果是习近平新时代中国特色社会主义思想，十九大的主题是"不忘初心，牢记使命"，"中国共产党人的初心和使命，就是为中国人民谋幸福，为中华民族谋复兴"。

准确认识和解说马克思主义需要释疑解惑。譬如，怎么看待阶级斗争学说？阶级斗争是革命者引导和团结人们、主要是无产者和劳苦大众，为了自身和全人类的解放，在特定的历史条件下，不得不采取的反抗手段。

---

[1] 中共中央文献研究室编：《毛泽东年谱（1949—1976）》第四卷，中央文献出版社2013年版，第534页。

[2] 中共中央文献研究室编：《毛泽东年谱（1949—1976）》第二卷，中央文献出版社2013年版，第373页。

毛泽东是看到无政府主义、改良主义的路走不通，才走上革命道路的。把手段当成目的，或者任意解释阶级斗争，是违背马克思主义的。又譬如，怎么看待资本主义的历史发展？资本主义发展与马克思主义对它的批判直接相关，在此意义上，资本主义的发展反而证明了马克思主义的正确。又譬如，怎么看苏联解体、东欧剧变？斯大林诠释的马克思主义，不少方面偏离了马克思主义，苏联解体、东欧剧变是背离马克思主义学说造成的。再譬如，怎么看我党所犯错误和当代中国社会存在的突出问题与信仰马克思主义的关系？这些错误和问题都与误读或背离马克思主义学说密切相关。无论是反右斗争严重扩大化还是"文革"，打着马克思主义的旗号，其实完全偏离了马克思主义。当下存在的突出问题，往往也与没有坚持以人为本的理念、鼓励每个人自由而全面发展密切相关。

所以为何要坚定理想信念？因为马克思主义理想信念值得我们信，值得我们追求。

3. 保证广大群众有更多"获得感"

马克思、恩格斯在论述共产主义的特征时指出："共产主义对我们来说不是应当确立的状况，不是现实应当与之相适应的理想。我们所称为共产主义的是那种消灭现存状况的现实的运动。"① 恩格斯指出："共产主义不是学说，而是运动。它不是从原则出发，而是从事实出发。"② 我党的远

---

①② 《马克思恩格斯文集》第一卷，人民出版社 2009 年版，第 539、672 页。

大理想和奋斗的最终目标是实现共产主义。共产主义是高远的，又是现实的，它是不断地改善现实，使之朝着理想目标前进的现实运动。"物质财富极大丰富"的目标是高远的，而物质财富逐步增长则是现实的；"人民精神境界极大提高"的目标是高远的，而精神境界逐步提高则是现实的；"每个人自由而全面发展"的目标是高远的，而不断开发每个人的潜能则是现实的。2015 年 2 月 27 日，习近平主持召开中央全面深化改革领导小组第十次会议，首次提出"获得感"概念："推出一批能叫得响、立得住、群众认可的硬招实招，处理好改革'最先一公里'和'最后一公里'的关系，突破'中梗阻'，防止不作为，把改革方案的含金量充分展示出来，让人民群众有更多获得感。"①"获得感"一词由此迅速流行，2015 年 12 月语言文字期刊《咬文嚼字》发布 2015 年度"十大流行语"，"获得感"排第一。2016 年 5 月教育部、国家语委在京发布《中国语言生活状况报告（2016）》，"获得感"入选十大新词。我认为，"获得感"的提出，在有效解决中国人"信"的问题方面，具有重要的理论和实践意义。

2016 年党的十八届六中全会通过的《关于新形势下党内政治生活的若干准则》，把"坚定理想信念"放在第一部分，强调指出："全党同志必须把对马克思主义的信仰、对社会主义和共产主义的信念作为毕生追求"，"自觉成为共产主义远大理想和中国特色社会主义共同理想的坚定信仰者和忠诚实践者"；"必须坚定对中国特色社会主义的道路自信、理论自信、制度自信、文化自信。领导干部特别是高级干部要以实际行动让党员和

---

① 《习近平谈治国理政》第二卷，外文出版社 2017 年版，第 102 页。

群众感受到理想信念的强大力量"①。这里，至关重要的是"忠诚实践"和"实际行动"，如果没有"忠诚实践"和"实际行动"，何谈坚定信仰，何来理想信念的强大力量？党的基层组织存在于人民群众中，人民群众获得感的大小多少，固然有赖于一系列惠民政策的有效落地，但与基层党组织关心群众的工作做得如何，也有着十分密切的关系。

从整体看，我国人民的生活水平还不高，理想的践行，最基本的还是要着眼于人民群众的物质利益，满足他们不断增长的物质生活需求。马克思早就指出："人们奋斗所争取的一切，都同他们的利益有关"。"'思想'一旦离开'利益'就一定会使自己出丑"②。毛泽东也指出："马克思列宁主义的基本原则，就是要使群众认识自己的利益，并且团结起来，为自己的利益而奋斗。"③理想信念教育不能否定每个人的个人利益，需要处理好的是个人利益与他人利益的关系。只有这样做，多数人才可能有坚定的理想信念。毫无疑问，理想信念教育还要与每个人的发展紧紧结合起来。人的发展，包括技能和人文两方面，党组织负责的，主要是人文方面的发展。马克思主义集人类文明之大成，集的是真善美之大成。共产主义是在物质财富极大丰富的基础上，人的真善美达到一个崭新境界的社会。中国人和全世界人要普遍达到这种境界，是一个极其漫长的历史过程。然而，越漫长越不能等待。基层党组织要在理想信念指引下，主动、积极地做好工

---

① 中共中央党史和文献研究院编：《十八大以来重要文献选编（下）》，中央文献出版社 2018 年版，第 420 页。
② 高哲、温元著，贾建梅主编：《马克思恩格斯要论精选》，中央编译出版社 2000 年版，第 21、350 页。
③ 《毛泽东选集》第四卷，人民出版社 1991 年版，第 1318 页。

作，使党员、群众都能焕发内心的真善美。

有效地开展理想信念教育，各级领导干部、党员的言行一致是关键。邓小平在谈加强思想政治工作时指出："最重要的条件，就是凡是需要动员群众做的，每个党员，特别是担负领导职务的党员，必须首先从自己做起。"①理想信念教育，"说"是重要的，但更重要的是"说者"怎么做。反复经受了历史曲折，人们其实并不太在乎你怎么说，而是看你怎么做。当做与讲、现实与理论相差很大、甚至背道而驰时，当理想目标的宣传让人感到遥不可及时，当宣传理论的人自身并不认真践行时，思想政治工作就变得苍白无力。各级领导干部和党员带头，带动广大人民群众，共同为理想信念而努力奋斗，不断取得令人鼓舞的成果并使人们有越来越多的获得感，坚定理想信念，这个人生第一大问题就可迎刃而解。

三、弘扬体现"民族魂"的鲁迅硬骨头精神

我因为学习研究鲁迅"立人"思想，谈基层党组织做"根"和"魂"的工作，就很自然地想到鲁迅被称为"民族魂"。毛泽东指出："鲁迅的骨头是最硬的，他没有丝毫的奴颜和媚骨，这是殖民地半殖民地人民最可宝贵的性格。鲁迅是在文化战线上，代表全民族的大多数，向着敌人冲锋陷阵的最正确、最勇敢、最坚决、最忠实、最热忱的空前的民族英雄。鲁迅

---

① 《邓小平文选》第二卷，人民出版社 1994 年版，第 342 页。

的方向，就是中华民族新文化的方向。"①如果把这里的"敌人"，除了指反动统治者外，重点理解为传统文化糟粕，可能与现实中的鲁迅更相符。按照我的理解，勇敢、坚韧和自信的精神底色，是鲁迅硬骨头精神的具体体现。如果失去了这三种特质，就没有了真正意义上的硬骨头精神；如果失去了其中的任何一个方面，硬骨头精神便不完整。

硬骨头精神首先表现为勇敢。鲁迅对中国国民性的堕落表现和形成原因作分析说："最大的病根，是眼光不远，加以'卑怯'与'贪婪'，但这是历久养成的，一时不容易去掉。"眼光不远，即理想信念不坚定，按照鲁迅的说法是缺乏"特操"，由此带来"卑怯"与"贪婪"。他对"卑怯"作了专门分析："我觉得中国人所蕴蓄的怨愤已经够多了，自然是受强者的蹂躏所致的。但他们却不很向强者反抗，而反在弱者身上发泄，兵和匪不相争，无枪的百姓却并受兵匪之苦，就是最近便的证据。再露骨地说，怕还可以证明这些人的卑怯。卑怯的人，即使有万丈的愤火，除弱草以外，又能烧掉甚么呢？"这里，区分了愤怒与勇敢。愤怒是一种情绪，并不是勇敢。相反，只有愤怒，很可能变为卑怯。卑怯的根子在主奴文化，奴才在主子面前必然卑怯。鲁迅指出了卑怯的严重危害："可惜中国人但对于羊显凶兽相，而对于凶兽则显羊相，所以即使显着凶兽相，也还是卑怯的国民。这样下去，一定要完结的。"真正的勇敢，是由"明白的理性"（远大的眼光、坚定的理想）支撑的"深沉的勇气"，它体现为毛泽东称赞的"没有丝毫的奴颜和媚骨"。

① 《毛泽东选集》第二卷，人民出版社 1991 年版，第 698 页。

20世纪上半叶，反抗国内封建专制的斗争和伟大的抗日战争，极大地激发了中国人的民族精神，在千千万万为国为民捐躯、甘洒热血写春秋的前辈身上，没有卑怯，有的是深沉的勇气，中国人"勇敢"的精神底色得到了前所未有的彰显。当下，是否还需要发扬勇敢精神呢？回答是十分肯定的。近百年前鲁迅指出"卑怯"是"历久养成的，一时不容易去掉"，百年后我们看到，即使去掉了，还很容易回复。众所周知，当今时代仍然存在许多积弊已深的矛盾，解决矛盾呼唤改革深化。改革有风险，改革者要担风险，如果不发扬勇敢精神，谁来担当深化改革重任？事实上，在许多人身上，勇敢的精神底色尚未构筑起来，即使已经构筑起来的也不坚固。构筑或巩固勇敢的精神底色，既重要又紧迫。

硬骨头精神又体现为坚韧。鲁迅以天津的青皮给人搬行李要两元钱，无论如何一定要达到目的为例说："世间有一种无赖精神，那要义就是韧性。""青皮固然是不足为法的，而那韧性却大可以佩服。"进而谈到妇女要求经济权也一样："有人说这事情太陈腐了，就答道要经济权；说是太卑鄙了，就答道要经济权；说是经济制度就要改变了，用不着再操心，也仍然答道要经济权。""正无需乎震骇一时的牺牲，不如深沉的韧性的战斗。"他深入分析说："要治这麻木状态的国度，只有一法，就是'韧'，也就是'锲而不舍'。逐渐的做一点，总不肯休，不至于比'踔厉风发'无效的。"他强调："对于旧社会和旧势力的斗争，必须坚决，持久不断，而且注重实力。旧社会的根柢原是非常坚固的，新运动非有更大的力不能动摇它什么。"

当下，我们在为祖国取得前所未有的成就而自豪的同时，也应该反思前进的道路为何如此曲折。回顾新中国史、改革开放史，凡患急躁病，搞脱离实际的"跃进"，无一例外都付出极大代价，导致失利甚至失败。今日改革仍处于深水区。党中央早就提出要从高速度发展转向高质量发展，但许多人缺乏韧性，他们的思维还停留于急急忙忙赶速度。让我们重温一下鲁迅1925年对改革的历史进程所作的预测："改革，奋斗三十年。不够，就再一代，二代……。这样的数目，从个体看来，仿佛是可怕的，但倘若这一点就怕，便无药可救，只好甘心灭亡。因为在民族的历史上，这不过是一个极短时期，此外实没有更快的捷径。"难道我们不应从中得到启示，构筑或巩固坚韧的精神底色，使自己变得理智和聪明一点吗？

硬骨头精神还体现为自信。20世纪30年代，舆论界出现一股"中国人失掉自信力了"的论调。1934年8月27日《大公报》社评《孔子诞辰纪念》中说："民族的自尊心与自信力，既已荡然无存，不待外侮之来，国家固已濒于精神幻灭之域。"针对这种说法，鲁迅专门写了《中国人丢掉自信力了吗》作回应，文章指出："我们从古以来，就有埋头苦干的人，有拼命硬干的人，有为民请命的人，有舍身求法的人，……虽是等于为帝王将相作家谱的所谓'正史'，也往往掩不住他们的光耀，这就是中国的脊梁。""这一类的人们，就是现在也何尝少呢？他们有确信，不自欺；他们在前赴后继的战斗，不过一面总在被摧残，被抹杀，消灭于黑暗中，不能为大家所知道罢了。说中国人失掉了自信力，用以指一部分人则可，倘若加于全体，那简直是污蔑。"一部分中国人确实失去了自信力，但另有一部分中国人非但没有，而且堪称"中国的脊梁"，如鲁迅列举的"埋头苦干""拼命硬干""为民请命"和"舍身求法"四种人。鲁迅给我们的启示是，有没有自信力，关键看实际行动。当然，鲁迅的自信不是盲目乐观，而是立足现实的难得清醒。他逝世前不久，在给友人的信中说："人生现在实在痛苦，但我们总要战取光明，即使自己遇不到，也可以留给后来的。我们这样的活下去罢。"这看似不及那些似乎可以让人热血沸腾的豪言壮语，却是真正的自信。

弘扬内涵丰富而深刻的体现"民族魂"的鲁迅硬骨头精神，对党的基层组织疗治人们"精神缺钙"的"软骨病"，坚定理想信念，具有非同寻常的意义。

管理学强调，在这个模糊的世界上，所有工作一定要聚焦："集中，集中，再集中。""21世纪的词是'集中'。不管今天你在做什么，明天你可以少做些。但是，要做得更好"①。在不同的阶段，基层党组织总会面临各种各样的具体工作，不要孤立地去做这些工作。基层党建工作必须聚焦，以实现"人的现代化"为目标，聚焦于做"根"和"魂"的工作；充分发挥党员的带头、带动作用，全面提升广大群众素质，按照加快实现现代化的要求，推进本单位的改革发展。

① ［美］彼得·德鲁克、迈克尔·哈默、亨利·明茨博格、迈克尔·波特等著，孙国强译：《管理史上的奠基之作》，中国纺织出版社 2004 年版，第 234 页。

党建工作与
中心工作深度融合

第一讲到第三讲，主要讲了党的基层组织建设为什么能成为独特优势，集中阐述基层党组织建设的重要性——因为重要，有重大价值，所以能成为独特优势。从第四讲开始，主要讲怎么才能把独特优势真正发挥出来，也就是讲党的基层组织建设用什么来成为独特优势。习近平总书记在党的十九大报告中，部署党的建设时，提出"不断提高党的建设质量"，这是对"用什么来成为独特优势"最好的回答——用高质量党建来成为独特优势。

接着追问，怎么才能提高党的基层组织建设质量？关键在于，必须按照党章和党的基本路线的要求，做到党建工作与基层的中心工作深度融合；在企业，就是要做到党建工作与生产经营深度融合。追问下去，怎么才能做到深度融合？近几年，我在反复思考的基础上得出的看法是：工作要从源头做起，在提高认识的基础上，注重提高基层党组织制度建设质量——做到制度本身能体现深度融合。为此，必须旗帜鲜明地反对形式主义、官僚主义。

一、"深度融合"是"高质量党建"的必然要求

2019 年 7 月，习近平在全国组织工作会议上的讲话中指出："提高党的建设质量，是党的十九大总结实践经验、顺应新时代党的建设总要求提出的重大课题。"提出这个课题针对着这样的现状："一些地方和部门党建工作还存在重形式轻内容、重过程轻结果、重数量轻质量的问题，看起来热热闹闹，实际效果却不佳，甚至与中心工作'两张皮'、没有什么效果。"①党的十九大后，"提高党的建设质量"越来越频繁地出现在党的文件和媒体中。中共中央颁布《党支部工作条例》，中央组织部负责人答记者问时，用了"全面提高新时代党支部建设质量"的标题②。《国有企业党组织工作条例》总则第一条提出："提高国有企业党的建设质量，推动国有企业高质量发展。"中共中央颁布该条例时，中央组织部负责人答记者问，用了"以高质量党建推动国有企业高质量发展"的标题。③

"质量"一词用在工作上，指优劣程度。在党的基层组织建设中提出"高质量的党建"这个概念，提醒人们，主要是政治工作者、特别是党务工作者，同任何工作一样，党建工作质量有高低不同、优劣之别。党的基层组织建设的独特优势能否发挥，发挥到什么程度，取决于工作质量，高质量的党建，才能使独特优势得以充分发挥。"高质量的党建"，内涵丰

---

① 中央党史和文献研究院编：《十九大以来重要文献选编（上）》，中央文献出版社 2019 年版，第 562 页。

② 本书编写组编著：《学习〈中国共产党支部工作条例（试行）〉》，党建读物出版社 2019 年版，第 24 页。

③ 本书编写组编著：《学习〈中国共产党国有企业基层组织工作条例（试行）〉》，党建读物出版社 2020 年版，第 1、2 页。

富，几乎可以覆盖党建工作的全部，关键是要做到党建工作与基层的中心工作深度融合。

党的建设工作与中心工作深度融合，是坚持社会主义初级阶段党的基本路线。党章规定："中国共产党在社会主义初级阶段的基本路线是：领导和团结全国各族人民，以经济建设为中心，坚持四项基本原则，坚持改革开放，自力更生，艰苦创业，为把我国建设成为富强民主文明和谐美丽的社会主义现代化强国而奋斗。"同时强调："中国共产党在领导社会主义事业中，必须坚持以经济建设为中心，其他各项工作都服从和服务于这个中心。"这条基本路线，是基于对我国处在社会主义初级阶段基本国情的认识，在改革开放初提出的，今天谈各项工作必须坚持以经济建设为中心，谈党的建设工作与中心工作深度融合，似乎是不言而喻的事，其实不然。现实中，存在种种影响基本路线贯彻落实的问题。有的是思想认识问题，前些年就有人提出"我国已经进入社会主义中级阶段"。大量的是工作作风问题，形式主义、官僚主义严重干扰党的基本路线的贯彻落实。还有工作方法问题，主观上坚决拥护党的基本路线，但在贯彻落实时却由于方法不对而没有完全做到。工作作风和工作方法问题往往交织在一起。

当下，很有必要重温邓小平"基本路线动摇不得"的重要论断，这是邓小平理论的核心内容。邓小平1992年视察南方时，千叮咛，万嘱咐，反复强调"基本路线动摇不得"。他指出："要坚持党的十一届三中全会以来的路线、方针、政策，关键是坚持'一个中心、两个基本点'。不坚持社会主义，不改革开放，不发展经济，不改善人民生活，只能是死路一条。基本路线要管一百年，动摇不得。只有坚持这条路线，人民才会相信你，拥护你。谁要改变三中全会以来的路线、方针、政策，老百姓不答应，谁就会被打倒。"①邓小平之所以反复强调"基本路线动摇不得"，首先是因为这条路线正确，第二是因为可能会有人动摇坚持这条路线的信念。事实上，信念动摇的情况确实发生了。提出"我国已经进入社会主义中级阶段"，是理论上的带有根本性的动摇，错误的工作作风和工作方法，或许主观上对基本路线并无质疑，客观上却偏离了基本路线。针对上述现象，习近平在党的十九大报告中指出："中国特色社会主义进入新时代，我国社会主要矛盾已经转化为人民日益增长的美好生活需要和不平衡不充分发展之间的矛盾。""必须认识到，我国社会主要矛盾的变化，没有改变我们对我国社会主义所处历史阶段的判断"，"全党要牢牢把握社会主义初级阶段这个基本国情，牢牢立足社会主义初级阶段这个最大实际，牢牢坚持党的基本路线这个党和国家的生命线、人民的幸福线"。

　　党章第三十二条规定党的基层组织基本任务，第一项是："宣传和执行党的路线、方针、政策，宣传和执行党中央、上级组织和本组织的决议，充分发挥党员的先锋模范作用，积极创先争优，团结、组织党内外的干部和群众，努力完成本单位所担负的任务。"其落脚点是"努力完成本单位所担负的任务"。党章第三十二条规定："国有企业和集体企业中党的基层组织，围绕企业生产经营开展工作。"习近平在全国国有企业党的建设工作会议上的讲话中，要求国有企业党组织"坚持服务生产经营不偏离，把提高企业效益、增强企业竞争实力、实现国有资产保值增值作为国

---

① 《邓小平文选》第三卷，人民出版社1993年版，第370—371页。

有企业党组织工作的出发点和落脚点，以企业改革发展成果检验党组织的工作和战斗力"①。《国有企业党组织工作条例》提出了五条原则，其中之一是："坚持党建工作与生产经营深度融合，以企业改革发展成果检验党组织工作成效。"②这条原则与其他四条密切相关，离开了这条原则，其他原则的贯彻在很大程度上就会失去实际意义。基层党组织，尤其是国有企业党组织，务必在坚持党的基本路线方面保持高度自觉，坚持以经济建设为中心不动摇，坚持"围绕中心开展工作""围绕生产经营开展工作"不动摇。

党建工作与中心工作深度融合，是坚持党的理论联系实际原则和优良工作作风。毛泽东认为："理论与实践的统一，是马克思主义的一个最基本的原则。"③早在 1930 年他就指出："我们需要'本本'，但是一定要纠正脱离实际情况的本本主义。"④1942 年，他在延安整风中指出："要把理论和实际行动联系起来，把文件上讲的东西和自己的行动联系起来。"⑤1945 年，他在《论联合政府》中指出："必须使各级党的领导骨干都懂得，理论和实践这样密切地相结合，是我们共产党人区别于其他任何政党的显著标志之一。"⑥中心工作是基层的基本实践，如果党建工作脱离了中心工作，还有多少价值呢？

① 《习近平谈治国理政》第二卷，外文出版社 2017 年版，第 176 页。
② 本书编写组编著：《学习〈中国共产党国有企业基层组织工作条例（试行）〉》，党建读物出版社 2020 年版，第 26 页。
③ 《毛泽东文集》第七卷，人民出版社 1999 年版，第 90 页。
④ 《毛泽东选集》第一卷，人民出版社 1991 年版，第 112 页。
⑤ 《毛泽东文集》第二卷，人民出版社 1993 年版，第 415 页。
⑥ 《毛泽东选集》第三卷，人民出版社 1991 年版，第 1094 页。

改革开放以来，党中央始终强调基层党组织建设要与中心工作有机结合，大部分基层党组织自觉贯彻党的基本路线，确立了"围绕中心做工作"的基本工作思路，有的还创造和积累了这方面的先进经验。但在实践中，党建工作与中心工作结合得不紧密的情况，党建工作与中心工作相脱离的"两张皮"问题，仍然不同程度地大量存在。有的党务工作者说："不要种了别人的地，荒了自己的田。"从总体上来说，每个基层单位只有一块"田"，就是本单位的中心工作，基层治理结构的各个主体、包括党组织，都是通过履行各自的责任，发挥不同的功能，形成合力，从不同角度种好同一块"田"。基层党组织要切实解决好党建工作"两张皮"问题，做到党建工作与中心工作深度融合。是否融合决定能否发挥党建工作的独特优势，融合程度深浅决定发挥独特优势是否充分。

二、关键是制度本身要体现深度融合

党建工作与中心工作相脱离的"两张皮"问题，是存在了几十年的老问题。一个问题这么长时间仍解决不好，就要考虑从源头上找原因，有针对性地采取措施去解决它。任何问题产生的源头都在文化。文化首先表现为理念，理念成为工作的指导思想，对工作具有引领作用。所以，当我们谈深化改革的时候，要把解放思想放在首位，勇于破除阻碍改革发展的陈腐观念。但文化不只是理念层面的东西，历史和现实反复证明，如果停留在理念，就理念谈理念并不能解决问题。理念是文化的第一层面，文化还有第二、三、四个层面，分别是制度、习惯和器物（对企业而言主要体现为产品和服务）。制度至关重要，有了充分体现理念的制度，理念才能在大多数人的行为中得以体现，最终才能在器物中体现出来。离开了制度建设（包括制度的制定和严格实施），理念很容易成为空洞口号，基层党建工作很容易陷入"说起来重要、做起来次要"的困境，乃至出现"在一片加强声中削弱"的尴尬。

那么，是不是只要有了制度，就能解决"两张皮"问题呢？不是。否则，"两张皮"问题早就解决了。多年来，上上下下制定的基层党建工作制度真不少，但"两张皮"问题并未解决。经验告诉我们，能否解决"两张皮"问题，关键在于制度本身：是党建工作与中心工作相脱离的制度，还是党建工作与中心工作相融合的制度；是浅度融合的制度，还是深度融合的制度。凡"两张皮"问题解决得比较好的基层单位，都建立了深度融合制度，反之则都没有建立深度融合制度。怎么才能真正做到深度融合？答案很清楚：制定并不断完善体现党建工作与中心工作深度融合的制度。

以党委理论学习中心组（以下简称党委中心组或中心组）学习为例。这是基层单位领导班子思想建设和政治建设的重要载体，活动频率高，现在一般是一个月一次。中心组学习制度形成很早，在我记忆中已有50年左右历史。各级党组织历来都强调，中心组学习要做到理论联系实际，并且写进了制度。需要深入研究的是，理论联系什么实际？怎么做到联系实际？先谈联系什么实际。一直以来，都要求参加中心组学习的每位领导干部，学习要联系思想实际和工作实际。思想实际和工作实际主要指本单位中心工作实际，这不是否定思想实际，而是说离开了本单位中心工作的思想实际，在很大程度上就失去了意义。如果说，改革开放前或者改革开放初，不少人还没有清晰地把实际主要理解为本单位的中心工作，那么，自1992年邓小平发表南方谈话以来，认定实际最终主要归结为本单位的中心工作，应已形成共识。

再谈怎么做到联系实际。中心组学习不能从理论到理论，从概念到概念，从表态到表态，而一定要联系本单位中心工作的实际，把概念具体化，把表态变成行动。联系实际有深浅之别。一种是泛泛而谈地联系实际，不是问题导向，没有焦点，各人爱怎么谈就怎么谈。这种联系实际，效果相当有限。联系实际，另一种就是现在反复强调的深度融合。怎么才能做到？我在长期的党建工作实践中体会到，切实有效的做法，是在认真学习领会党的基本理论、基本路线和方针政策基本精神的基础上，针对本单位中心工作每个阶段遇到的重点和难点问题，开展深入的专题研讨，务虚带动务实，促进问题解决。这样的做法，在中心组学习制度中应该作出明确的具体规定。我认为，这样的制度，就是体现党建工作与中心工作深度融合的制度。落实这样的制度，"两张皮"就不会再有市场。

下面，我用自己当年在宝钢的实践，作为一个案例来说明。宝钢制定的以专题研讨为主要形式的党委中心组学习制度，具体规定：集团公司党委中心组学习，在时间安排上，大致用三分之一时间学习领会有关重要理论、政策精神，三分之二时间开展理论联系实际的专题研讨。每年底，党委宣传部部长受党委书记委托，分别征求领导班子每位成员对新一年党委中心组专题研讨议题的意见。意见包括两部分，一是影响整个宝钢改革发展的重点难点问题是什么，二是你分管工作中的重点难点问题是什么。宣传部汇总梳理意见报党委书记，由党委书记提出新一年党委中心组专题研讨议题初步方案，分送董事长和总经理征求意见，根据董事长和总经理意见对初步方案进行修改。修改方案提交党委常委会审议，通过后即作为新一年党委中心组专题研讨计划，按计划实施。2008年国际金融危机爆发后，在中国钢铁协会提出"全行业学宝钢"的情况下，宝钢党委中心组连续几年，每季度一次，开展"对标找差、做强做优"系列专题研讨。针对公司经营管理中存在的薄弱环节，为新常态下公司如何保持和发展在国内钢铁业的领先地位、提升国际竞争力、办世界一流企业，出谋划策。这样的中心组学习，有效地加强了领导班子的思想政治建设，促进了企业的改革发展。

三、勇于并善于与形式主义、官僚主义作斗争

如前所述，与深度融合相对立的，是党建工作与中心工作各搞各、相脱离，被称为"两张皮"。"两张皮"有程度差别，完全相脱离是极个别的，不同程度的相脱离则大量存在。"两张皮"背离党的初心和使命，背离党的理论联系实际、密切联系群众的优良传统，背离党章和党中央对党的基层组织建设的基本要求。不同程度的"两张皮"，在不同程度上白白耗费了宝贵的党建工作资源。"两张皮"问题不解决，基层党的领导、党的建设的独特优势就得不到充分发挥。"两张皮"是形式主义、官僚主义在基层党组织建设中的突出表现。要从根本上改变"两张皮"现象，就要反对形式主义、官僚主义。形式主义、官僚主义不是一种新病，而是宿疾——虽然当下在某些方面披上了时髦的外衣。与形式主义、官僚主义作斗争，既要有足够的勇气，发扬改革精神；还要有足够的智慧，运用正确

方法。

1. "大敌"当前的深入思考

中国共产党建党 100 年，根本的历史经验是两条，那就是实事求是和群众路线。这两条来之不易，是在与形式主义、官僚主义的不懈斗争中形成的。形式主义、官僚主义的一度横行，曾经给党带来极大危害；实事求是的思想路线和群众路线的形成和认真贯彻，则成为党从胜利走向胜利的法宝。

中国共产党成立之初，由于残酷的斗争环境不允许任何一个党员脱离实际、脱离群众，所以形式主义、官僚主义虽然时有露头，但能够较快得到克服，从总体上看尚没有成为全党的突出问题。随着革命形势发展，党员数量迅速增加，1923 年只有 400 余名党员，到 1927 年猛增到 50000 余名，不免混入一些思想不纯、作风不良的分子，形式主义、官僚主义渐渐滋长，尤其是官僚主义。毛泽东在兴国调查中了解到，兴国第十区苏维埃政府的弊病，第一个就是官僚主义，"摆架子，不爱接近群众。群众来问事情，高兴就答一两句，不高兴就不理睬，还说对方'吵乱子'"。1926 年 12 月 2 日，中共中央局给江西地方组织写信，要求他们"严厉取缔党中机会主义做官热的倾向"。1930 年 5 月，毛泽东在调查的基础上，写了著名的《反对本本主义》一文，严肃批评了形式主义："不根据实际情况进行讨论和审察，一味盲目执行，这种单纯建立在'上级'观念上的形式主义的态度是很不对的。为什么党的策略路线总是不能深入群众，就是这种形式主义在那里作怪。"1942 年开始的历时三年多的延安整风，对克服形式主义、官僚主义发挥了重要作用，在党的作风建设史上具有里程碑意义。但是，形式主义、官僚主义在党内并未根绝，抗战胜利后我党开展了整党运动，反对形式主义、官僚主义仍是重要内容之一。

总体而言，革命战争时期，党内形式主义、官僚主义虽然时有发生，但是大多数党员和党员干部的作风是比较好的，基本上能够做到理论联系实际和密切联系群众。客观上，这与严酷的斗争环境有关；主观上，这是党的思想作风建设取得的成果。中华人民共和国成立后，执政党的地位使得思想作风建设面临新的严峻考验。党的主要领导人对革命党到执政党的转变可能产生的问题，有着清醒认识。毛泽东在党的七届二中全会上，提出了著名的"两个务必"："务必使同志们继续保持谦虚、谨慎、不骄不躁的作风，务必使同志们继续保持艰苦奋斗的作风。"以后发生的情况并不乐观，尽管党一次又一次开展大大小小的整风，但好一阵差一阵，形式主义、官僚主义时有滋长。1956年党的八大上，反对形式主义、特别是官僚主义，成为一个重要议题。邓小平指出："执政党的地位，很容易使我们的同志沾染上官僚主义的习气"，"形形色色的官僚主义倾向正在滋长"。1957年，中共中央下发《关于整风运动的指示》，决定"在全党重新进行一次普遍的、深入的反官僚主义、反宗派主义、反主观主义的整风运动，提高全党的马克思主义的思想水平，以适应社会主义改造和社会主义建设的需要"。令人遗憾的是，这次运动演变为被严重扩大化的反右派斗争。此后20年，阶级斗争为纲，党的作风建设受到严重冲击和破坏，老问题没有解决，新问题不断产生，教训极其深刻。

改革开放一开始，邓小平就意识到新形势下党的作风建设的重要性，反复强调反对形式主义、官僚主义。之后，陈云、江泽民、胡锦涛，无一例外，坚持不懈地反对形式主义、官僚主义。在加强思想教育的同时，从制度建设入手解决形式主义、官僚主义问题，是改革开放后的鲜明特点。1980年2月，党的十一届五中全会审议通过了《关于党内政治生活的若干准则》，深刻总结了历史经验教训，对于恢复和发扬党的优良传统和作风具有重大意义。2001年9月，党的十五届六中全会审议通过了《中共中央关于加强和改进作风建设的决定》，这是党的历史上第一个专门针对作风建设制定的全面性的指导性文件。改革开放四十多年来，针对形式主义、官僚主义，党中央出台了一系列重要制度，采取了一系列重要举措。特别是党的十八大以来，以习近平同志为核心的党中央格外重视党的作风建设，党中央"一份份剑指形式主义、官僚主义突出问题的重磅文件接连出台，直击痛点，靶向攻坚，既强力治标，亦致力治本"。①

　　2012年11月15日党的十八届一中全会闭幕，新上任的中共中央总书记习近平发表的第一次讲话就指出："党内存在着许多亟待解决的问题，尤其是一些党员干部中发生的贪污腐败、脱离群众、形式主义、官僚主义等问题，必须下大力气解决。全党必须警醒起来。打铁还需自身硬。"2013年6月18日，他在党的群众路线教育实践活动工作会议上的讲话中指出："党内脱离群众的现象大量存在，集中表现在形式主义、官僚主义、享乐主义和奢靡之风这'四风'上。"讲话在详细而尖锐地分别指出了"四风"的具体表现后指出："如果任由这些问题蔓延开来后果不堪设想，那就有可能发生毛泽东同志所形象比喻的'霸王别姬'了。"经

---

① 以上内容的写作，部分参考了《整治形式主义官僚主义教育读本》(本书编写组编写，中国方正出版社2020年版)有关内容。

过坚决整治，享乐主义和奢靡之风得到明显遏制，但形式主义、官僚主义问题却并未得到解决。2017年12月25、26日，习近平在中央政治局民主生活会上的讲话中指出："形式主义、官僚主义同我们党的性质宗旨和优良作风格格不入，是我们党的大敌、人民的大敌。"他在2018、2019、2020年的有关讲话中，反复强调反对形式主义、官僚主义，指出："当前形式主义、官僚主义依然突出，又有新的表现形式。""形式主义、官僚主义害死人！""我们要坚决杜绝形形色色的形式主义、官僚主义。"①形式主义与官僚主义是一对孪生兄弟，官僚主义必然催生形式主义，形式主义反过来又导致官僚主义加剧。形式主义、官僚主义之所以被称为"大敌"，是因为它会从根本上损害党的建设、败坏党的声誉，阻碍改革发展。形式主义、官僚主义使原本崇高的党建工作非但体现不出应有的价值，而且还可能产生负面效应。

从2012年到2020年，整整八年时间。习近平猛烈抨击形式主义、官僚主义，党中央旗帜鲜明，态度坚决，一方面投入大量精力坚决予以整治，另一方面不断加强思想教育和制度建设，在某些方面确实取得了成效。但形式主义、官僚主义"依然突出"，值得我们深思。我认为，首先，这说明形式主义、官僚主义的顽固性，而顽固性的背后则是文化积弊。习近平指出："形式主义实质是主观主义、功利主义，根源是政绩观错位、责任心缺失。""官僚主义实质是封建残余思想作祟，根源是官本位思想严重、权力观扭曲"②。早在1948年12月，刘少奇就指出："在中国这个

---

①②　中共中央党史和文献研究院编：《习近平关于力戒形式主义官僚主义重要论述选编》，中央文献出版社2020年版，第20、22、25、28、29、32页。

落后的农业国家，一个村长，一个县委书记，可以称王称霸。胜利后，一定会有人腐化、官僚化。"1952年元旦，毛泽东在中央人民政府团拜会上强调："我国全体人民和一切工作人员一致起来，大张旗鼓地，雷厉风行地，开展一个大规模的反对贪污、反对浪费、反对官僚主义的斗争，将这些旧社会遗留下来的污毒洗干净！"他严正警告全党："十年内不进行'三反'，共产党就会变成国民党。"① 以上论述都告诉我们，形式主义、官僚主义作为全党的大敌、人民的大敌，是封建残余思想，是旧文化污毒。根治形式主义、官僚主义，要来一场反对封建残余思想、旧文化污毒的思想革命。舍此，就会事倍功半乃至一事无成。

其次，这说明制度建设的艰巨性，制度建设是一门系统科学，它需要理性思维，综合平衡，这必然要经历一个探索和完善过程。在探索和完善中，使制度日趋合理，制度的运作日趋有效。我们在实践中不难发现，某一个上级部门针对形式主义、官僚主义制定的一项具体制度，孤立地看不错，但是多个上级部门制定的许多项类似的制度叠加，要求基层单位"不折不扣"地贯彻落实，就会使基层干部将很大一部分精力用于满足上级形式方面的要求上，反而抽不出多少精力来联系实际、联系群众，去解决本单位改革发展中的突出问题，这就难免出现重形式轻内容、重上级领导轻底层群众的状况。要在短时期内改变这种状况，并非易事。我认为，可以抓住一些关键点寻求突破口。这方面，邓小平的有关论述，给我们以重要启示。本节第二小节将作专门阐述。解决"文山会海"问题，仍然是反对

---

① 本书编写组编写：《整治形式主义官僚主义教育读本》，中国方正出版社2020年版，第38、42页。

形式主义、官僚主义的重中之重，本节第三小节以宝钢为例，谈谈如何根治"文山会海"的体会。

2. "抓住不放"，"具体解决自己的实际问题"

如何有效地与形式主义、官僚主义作斗争，我们可以从党的作风建设的经典文献中寻求智慧。延安整风堪称我党加强作风建设的最经典案例，毛泽东的《改造我们的学习》《整顿党的作风》和《反对党八股》，是指导这次整风的基本著作。80年前的这三篇经典文献，其基本精神至今仍然适用。我在学习中体会到，不仅我们的学习需要改造，而且工作方式也需要改造，要把两者结合起来。其实，上述三篇著作就是把两者结合起来的。譬如谈改造我们的学习，强调要研究现状、研究历史和注重马克思列宁主义的运用，既是谈学习方法，也是谈工作方式[①]。改造我们的学习和工作方式是一个大题目，这里，我只想用邓小平在20世纪60年代初和改革开放初提出的很好理解、却又切实地给人以正确指导的有关论述，侧重从改造我们的工作方式角度，来加以说明。

我党历史上的党建工作、政治工作，在很多时候主要是以政治运动方式开展的；不搞政治运动时，往往就搞突击性活动。针对这种情况，邓小平1961年提出了要"深入细致的做好经常性工作"，他说："我们主要是做细致的工作，深入的工作。""最容易的工作是开大会，发个一般号召，

---

① 《毛泽东选集》第三卷，人民出版社1991年版，第796—797页。

敲锣打鼓，搞得热热闹闹，那个工作究竟见多少效？"他指出："这几年，经常的细致的工作忽略了。这是党的领导方面的问题"，"大家都去搞一般工作，丢掉了我们各行各业应该经常死死抓住不放的事情"，"现在党的工作、群众工作要着重把经常工作建立起来"，"经常工作的制度要恢复，没有制度工作搞不起来"①。邓小平提出，我们的学习和工作，不能停留在"开大会""发个一般号召"，不能忽略"经常的细致的工作"。他所说的"经常的细致的工作"，绝非无关紧要的琐碎事务，而是那些"各行各业应该经常死死抓住不放的事情"。什么事情？就是我们现在所说的中心工作、经济建设。如果上级组织满足于一个接一个地发一般号召，基层组织把过多精力用于学习领会这些号召，至多用号召套裁基层单位的实际工作，就没有足够精力去做"应该经常死死抓住不放的"中心工作了。

1979 年 10 月，邓小平指出："现在要提倡一种方法，就是要每一个生产队，每一个工厂，每一个学校，具体地解决自己的实际问题。我们过去搞的一些运动，比如学理论，学来学去，就是不结合实际，结果大家厌烦了。当然，不是说政治工作不做了。现在有人认为取消政治部就是不做政治工作了。党是搞什么的？工会是搞什么的？共青团是搞什么的？妇联是搞什么的？还不都是做政治工作的？政治工作是要做的，而且是要好好地做。但是，政治工作要落实到经济上面，政治问题要从经济的角度来解决。"②"具体地解决自己的实际问题"，是一个至关重要的方法论思想，切中时弊，和他 60 年代初提出的不能丢掉"各行各业应该经常死死抓住不

① 《邓小平文选》第一卷，人民出版社 1994 年版，第 293、295 页。
② 《邓小平文选》第二卷，人民出版社 1994 年版，第 195 页。

放的事情"，一脉相承。如果基层单位的理论学习脱离实际，不注重指导解决本单位存在的实际问题，学得再认真、再多，又有什么实际意义呢？

时隔四个多月后，1980年2月，邓小平在党的十一届五中全会上，专门作了题为《坚持党的路线，改进工作方法》的讲话，其中指出："有些事情，有的地方只会照搬，上面没有指示就不敢动，这能叫解放思想？我们多次讲过，就是一个生产队，也应该解放思想，开动脑筋，解决本生产队的具体问题。我看，一个生产队、一个工厂、一个车间、一个班组的党组织，如果能够面对自己单位的具体问题，走群众路线，同群众商量，提出很好的办法，由共产党员起模范作用，真正解决这些问题，那末，那里的党组织对四个现代化就做出了很可贵的贡献。"① 这段论述，从解放思想的高度谈了基层单位要注重问题导向，"真正解决"存在的具体问题。

邓小平20世纪60年代初和改革开放初的关于改造我们的学习和工作方式的论述，可以概括为，每个基层单位的理论学习和党的方针、政策的学习，理当紧紧围绕"应该死死抓住不放的事"，在科学理论和方针、政策指导下，"具体解决自己的实际问题"。这一学习和工作方式，体现的是党的理论联系实际和密切联系群众的优良作风，是以毛泽东为代表的中国共产党人在反对形式主义、官僚主义的历史过程中形成的。千万不能在我们手中丢掉！嘴上和纸上，谁也不会说要丢掉，可"依然突出"的形式主义、官僚主义，会在事实上把它丢掉。怎么破解这个悖论？解铃还须系

---

① 《邓小平文选》第二卷，人民出版社1994年版，第280页。

铃人。我认为，基层党组织对党建工作制度的设计要改进，应该充分体现邓小平的方法论，也就是本讲第二节所谈的党建工作制度本身要体现与中心工作的深度融合。同时，上级党组织对基层党组织工作的监督检查、评价考核的方式要改进。譬如，在政治理论学习方面，固然要看学习领会基本精神认真不认真，深入不深入，更要看理论联系实际、密切联系群众的实际效果。也就是要看基层单位围绕中心工作，切实解决了多少具体问题，尤其是难点重点问题。这对从事监督检查、评价考核的工作人员提出了较高要求，但这种要求是必须的。坚持实事求是、群众路线需要付出艰辛劳动，形式主义、官僚主义才是省力的。难道我们能为了省力，就甘心成为形式主义、官僚主义的帮手和牺牲品吗？

3. 改进文风会风新议

反对形式主义、官僚主义，离不开改进文风和会风。在党的基层组织建设中，不管如何改造我们的学习和工作方式，会议总还是最基本的工作方法之一。奥地利管理学家弗雷德蒙德·马利克把"会议"列为"一般性的管理工具"之首，指出："管理层的大部分时间都是在各种各样的会议上度过的。"[①] 相对而言，在中国，从上到下，会议时间占整个工作时间的比例也许更高，党建工作更是如此。文风和会风如何，对基层党建工作能否有效开展带来很大影响。

---

① ［奥］弗雷德蒙德·马利克著，刘斌译：《管理：技艺之精髓》，机械工业出版社2011年版，第52页。

文风和会风与党的思想路线联系在一起。毛泽东在形成党的实事求是的思想路线过程中，反复批评了脱离实际、脱离群众的文风和会风。毛泽东的一系列专著以及他本人的率先垂范，帮助一代共产党人形成了优良的文风和会风。读毛泽东和刘少奇、周恩来、朱德、邓小平、陈云的文章（其中的相当一部分是讲话稿），可以感受到他们虽然有着明显不同的个性，但都有着相当不错的文风，不难想象那时也有相当不错的会风。党执政后情况发生了很大变化，"文山会海"逐渐滋长，并长期困扰着我们。邓小平1992年南方谈话对此提出尖锐批评："现在有一个问题，就是形式主义多。电视一打开，尽是会议。会议多，文章太长，讲话也太长，而且内容重复，新的语言并不很多。重复的话要讲，但要精简。形式主义也是官僚主义。要腾出时间来多办实事，多做少说。"①中央政治局常委李瑞环，1991年也有一段深刻的批评："中央认为，目前会议太多，文件太多，题词、照相太多，形式主义的东西太多，必须认真加以改变。各级领导要下决心精简会议，精简文件，坚决砍掉那些不必要的活动，克服各种形式主义的东西，改变领导同志的时间被严重肢解的状况。""各级领导同志特别是主要领导同志，如果整天忙于应付这个会那个会，陷入'文山会海'不能自拔，还有多少完整的时间来钻研工作？""这种状况如不痛下决心改变，要实现第二步战略目标是很困难的。"②

在很长一段时期内，常常喊解决"文山会海"问题，事实上却并无大的变化，大多数基层单位的领导干部仍陷于"文山会海"，被事务缠身而

---

① 《邓小平文选》第三卷，人民出版社1993年版，第381—382页。
② 李瑞环著：《学哲学用哲学（上）》，中国人民大学出版社2005年版，第113页。

难以自拔。深入现场、深入实际、深入基层、深入群众不够，调查研究不够，班子成员相互沟通不够、与下属沟通不够——在大多数基层单位，几乎年年成了对领导班子及其成员的主要意见之一，也是领导干部自我批评的重点之一。文风和会风问题至今尚未得到根治，大多数基层干部深感无奈。治理一种顽疾，采取一般方法已无大用，必须运用革新手段，从完善授权管理、制定会议基本规则、建立会议模型、优化文件处理流程和着力加强信息化建设等多角度入手，实行综合治理。弗雷德蒙德·马利克的建议是："即使再怎么缩短会议长度，它们还是占据了管理者相当大的一部分工作时间。因此，从管理者自身、其他与会者以及公司利益的角度出发考虑，至少要保证这些会议是有价值、有效率、有成果的。要达到这个要求，必须把握住两个关键点：会前做好充足的准备，会后及时总结修改。"[1]

我在宝钢主持领导力开发课题时，曾经对解决基层单位的"文山会海"问题作了一些研究，想把它作为一个子课题来开发，限于精力，没有实现。下面，把我过程中的一些积累，加上近期的一些新思考，与读者分享，以供研究。

文风和会风往往联系在一起，试从会议角度分析。会议可分为大会和小会。大会存在的主要问题是：会议过多，不少会议时间太长；停留于提原则性要求，缺乏针对性；领导讲话和交流发言习惯于读稿，缺乏吸引力、感染力；重开会本身，轻会后的贯彻落实；视频会议方式运用偏少，

---

① ［奥］弗雷德蒙德·马利克著，刘斌译：《管理：技艺之精髓》，机械工业出版社 2011 年版，第 52 页。

网络会议方式运用更少。小会存在的主要问题是：授权太小，某一个层面讨论的事项过多，与会者大都对所讨论的内容不熟悉；与讨论事项过多相关，研究重大问题的时间明显不够，程序过了，但并不能实现重大问题决策尽可能减少失误；会前准备不充分，调查研究浅尝辄止，领导介入不够，导致情况了解不透，分析缺乏深度；会议参与者发表意见不热烈，唯"一把手"马首是瞻，缺少通过不同意见的交流来使会议决定更加完善；会议讨论材料发放时间太晚，与会者会前来不及消化。产生上述问题的主要原因是：对改进文风会风的重要性、紧迫性认识不足；对会议管理的研究不够，未形成高水平的、切实可行的会议基本规则；治理体系不完善，习惯于包揽尽可能多的事项，授权管理不到位；缺乏会议管理技巧，未能充分运用现代信息技术。

怎么改进文风会风？一些基层单位进行了积极探索，取得了较好效果。从大会看：一是大幅度精简会议。制定年度会议计划（包括会议日历）及各类会议模式，计划外会议须严格审批，控制会议规模、尽可能减少参加会议的领导干部人数。如宝钢将几个综合性的年度工作例会合起来开，干部大会、预算计划会议、政治工作会议和职代会"四会合一"，大大减少了会议内容重复。部署全年工作就这么一个会，大家都重视。会议少了，提高会议质量的可能性也就大了。如宝钢日常具体事务性的工作布置，运用下达"工作意见"的方式来取代会议，不仅减少了会议，还提高了指令的准确性。

二是制定会议基本规则。要求围绕所需解决的问题，精心策划会议方案。领导讲话和会议交流发言应认真准备提纲，提纲由讲话或发言者主导起草，倡导讲话或发言者亲自起草；倡导会上不读稿（只有提纲也就没有了读稿条件）——基层单位不同于高层党政机关，会议讲话和发言不必逐字逐句推敲，完全可以口语化一点。倡导讲短话，除少数特别重要的会议外，严格控制会议时间。宝钢在老领导黎明同志影响下，大多数领导干部曾经保持了这样的优良作风。

三是充分运用现代信息技术。全面推行无纸化移动办公。单向传达和传输性的会议尽可能采用视频会议。积极采用网络会议方式，要求与会者以负责的态度参加网络会议，避免不把网络会议视作正式会议的情况发生（在网络会议上表示"同意"的事项，到现场会议上却反对）。适当运用多媒体演示。

从小会（指讨论重要问题的小会）看：一是尽可能减少讨论议题。任何层面的领导班子，都应该尽可能只讨论自己熟悉的事项，而自己熟悉的事项总是很有限的，这就决定了会议议题必须减少。条件是完善授权管理，在受控的前提下，把相当一部分事项的决定权放到二级单位去。同时，加重分管领导权责，分管领导职权范围内的事项，原则上不提交领导班子会讨论。

二是注重决策程序的展开质量。高度重视会前酝酿，由领导干部亲自主持调查研究，广泛听取专家意见和员工意见。会间，主要领导不过早发言，鼓励与会者发表不同意见，确保讨论重大决策事项的会议时间。调查研究是重大问题决策的必经程序，但如何开展调查研究大有讲究。1930年5月，毛泽东在《反对本本主义》中提出"没有调查，没有发言权"①。

---

① 《毛泽东选集》第一卷，人民出版社1991年版，第109页。

但没过多久他发现，许多人打着调查研究的旗号，却并没有真正深入群众了解到实际情况。为此，1931年4月，他在《总政治部关于调查人口和土地状况的通知》中指出："我们的口号是：一，不做调查没有发言权。二，不做正确的调查同样没有发言权。"①针对不正确的调查研究比比皆是的现象，宝钢党委在调查研究方面下了较大功夫，曾经组织开展了大规模的三大课题调查研究。一是2005至2007年开展的"国有企业党组织完善工作机制、充分发挥政治核心作用"调查研究；二是2006至2010年开展的"开发宝钢领导力"调查研究；三是2011至2012年开展的"加强宝钢党支部建设"调查研究。三大调查研究召开了许多座谈会，光是集团公司党委领导主持的党支部建设座谈会就有1000多位党支部书记参加。收集整理了数千个案例，在案例分析的基础上，形成调查研究报告，再邀请国内第一流的党建专家进行评审。调查研究的成果迅速转化为相应的工作文件，有效地指导了宝钢党的建设和领导力开发。

---

① 《毛泽东文集》第一卷，人民出版社1993年版，第267—268页。

1921—2021

建设高素质专业化干部队伍

　　基层干部是党的干部队伍的重要组成部分，其状况如何决定基层工作的面貌；基层干部又是党的中高层干部的主要来源，其状况如何在很大程度上决定整个干部队伍的面貌。党管干部是一条重要政治原则和组织原则，干部队伍建设是党的基层组织建设工作的重中之重。"建设高素质专业化干部队伍"，是习近平总书记在党的十九大报告中，对干部队伍建设提出的总要求。用国际视野看，这是一个领导力课题。领导力缺乏是一个全球性问题。美国领导力专家约翰·科特在论述世纪之交的领导力时指出："我开展了14项正式的研究和1000多次访谈，直接观察了几十名高层经理的行为，并搜集了无数调查结果，然后我完全确信，当前的大多数组织都缺乏他们所需要的领导力。""这并不是说一些没有才能、没有干劲的人占据了管理岗位。典型的情况恰恰相反，这些岗位上的人都很聪明、有经验、勤奋，有一些人还相当出类拔萃，而且几乎每个人都在努力做他们认为正确的事情。问题是他们中几乎没有什么人具备企业、政府和其他机构日益迫切需要的领导力。"①

中国也不例外。习近平 2013 年在中央党校的讲话中指出："从总体上看，与今天我们党和国家事业发展的要求相比，我们的本领有适应的一面，也有不适应的一面。特别是随着形势和任务不断发展，我们适应的一面正在下降，不适应的一面正在上升。如果不抓紧增强本领，久而久之，我们就难以胜任领导改革开放和社会主义现代化建设的繁重任务。"请注意，这里指出了"适应的一面正在下降，不适应的一面正在上升"。他接着说："很多同志有做好工作的真诚愿望，也有干劲，但缺乏新形势下做好工作的本领"，"因此，全党同志特别是各级领导干部，都要有本领不够的危机感，都要努力增强本领，都要一刻不停地增强本领"②。为什么缺乏本领——领导力，成为一个带有普遍性的问题？因为这个世界变化太大、太快，大到、快到人们难以适应。难以适应就更要主动适应，基层党组织务必在增强干部领导力方面有所作为。

一、"232"结构的领导力七个核心要素

"232"结构的领导力七个核心要素，是我当年主持开发宝钢领导力课程时，集思广益提出的。2008 年是宝钢开工建设 30 周年，用什么来纪念？不少人提出要总结宝钢 30 年改革发展的历史。时任宝钢党委组织部

---

① [美]约翰·P.科特著，廉晓红等译：《领导力革命》，商务印书馆 2005 年版，第 3 页。
② 《习近平谈治国理政》，外文出版社 2014 年版，第 402、403 页。

部长、人力资源部部长李世平向我提出，能否从领导力的角度来总结，编撰一部宝钢领导力基础教程，作为宝钢干部培训具有自主知识产权的第一部核心教材。我一开始没同意，不是不想做，而是怕做不好。过了一年他提醒我，宝钢第一代老领导年事渐高，如果现在不抓紧做总结历史的工作，以后可能想做也来不及了。这才促使我下了决心。经党委常委会讨论决定，从2006年起开发宝钢领导力。为此组成了一个老中青三结合的课题组，由我担任组长。课题组从学习和调查研究切入，学习了我党领导思想和领导方法的重要文献、国内外领导力专著，阅读了宝钢历史资料、尤其是长期担任宝钢主要领导的黎明①历年讲话汇编，访谈了历任宝钢老领导。在此基础上，集中精力研讨，构建宝钢领导力核心要素模型。然后分工撰写各个要素、统稿。初稿形成后，广泛征求二级单位领导班子成员、上海和全国领导力专家的意见。最后提交宝钢领导班子集体审稿、定稿。经过两年多时间反复修改，于2008年底宝钢开工建设30周年之际，写出了《宝钢领导力基础教程（初稿）》。以后继续修改，形成了《宝钢领导力基础教程》2009版和2010版。宝钢领导力核心要素模型为"232"结构：内生力两要素——使命感，自我管理；外现力三要素——决策能力，执行能力，育人用人能力；支撑力两要素——文化创新能力，方法优化能力。宝钢领导力开发过程中，中央政治局委员、书记处书记、中组部部长李源潮来宝钢调研，听了我的汇报后，对此项工作给予充分肯定，并提出要求。之后，根据他的批示，2011年《宝钢领导力》由中信出版社

---

① 黎明，曾任冶金工业部党组副书记、副部长，宝钢工程指挥部党委书记、总指挥，宝钢总厂厂长，宝钢集团董事长。

出版，2012 年出了修订版。

"232" 结构的领导力七个核心要素，虽从企业出发，但其基本内涵适用于所有基层单位，可供基层干部队伍建设参考。"232" 结构的第 1 个 "2"，使命感和自我管理两要素，主要对应 "高素质专业化" 的 "高素质"；"3"，决策能力、执行能力和育人用人能力三要素，主要对应 "高素质专业化" 的 "专业化"；第二个 "2"，文化创新能力和方法优化能力两要素，综合对应 "高素质专业化"。

使命感和自我管理，是领导力的内生力。所谓内生力，是指发自内心的力量。使命感为领导力核心要素之一，是马克思主义理想信念的具体化，同时体现儒家文化精髓 "明知不可为而为之" "天下兴亡匹夫有责"，所以成为领导力的源泉。在宝钢领导力中，使命感具体表述为：争创一流、钢铁报国的使命感。是指自觉地为把宝钢建成世界一流的钢铁企业，使之成为世界一流的钢铁产品、技术、服务供应商，为我国从钢铁大国发展成为钢铁强国，进而为中华民族伟大复兴作出应有贡献的责任意识和远大志向。立业先立志。改革开放以来，我国经济和社会迅速发展，但根据专家分析，即使中国完成第一次现代化，也只是达到发达国家 20 世纪 60 年代水平。中华民族伟大复兴任重而道远。宝钢处于中国钢铁工业的领先地位，增强钢铁报国的使命感，才能使各级干部充满激情，产生做好领导工作的强大动力。

自我管理为领导力核心要素之二，强调领导干部要管好别人先得管好自己，体现儒家文化 "修齐治平" 说把修身放在首位和鲁迅 "必须先改造了自己，再改造社会，改造世界" 的改革观，并与西方哲学和管理学相通，所以成为领导力的基石。在宝钢领导力中，自我管理具体表述为：追求品德高尚、能力高超的自我管理。是指发挥主观能动性，运用正确方法进行自我管控和自我开发，实现自我超越，把自身塑造成为与世界一流企业目标相适应的，品德出众、能力超群的领导干部的学习和实践过程。追求品德高尚要把握两点：一是作出正确的思想、政治和文化选择，思想上、政治上、行动上与以习近平同志为核心的党中央保持高度一致，文化上传承中国优秀的传统文化、吸收世界先进文化；二是正确认识和对待权、人、利，权用来为公不能用于谋私，待人坚持人格平等、以诚和爱相待，个人利益服从国家利益、企业利益和员工利益。追求能力高超要把握三点：一是在本职工作中善于发现问题，分析问题，解决问题，尤其是破解难题；二是善于把握度，在时间、空间、人文条件三个维度的结合中，寻求实现工作创新和突破的最佳结合点；三是善于沟通协调，正确处理方方面面的关系，讲原则，讲法规，讲道理，讲感情，齐心协力干事业。提升自我管理水平，要在养成良好的行为习惯上下功夫。自我管理并非自己和自己过不去，而是最好的自我培养和自我关怀。

决策能力、执行能力和育人用人能力三要素，是领导力的外现力。所谓外现力，直接表现为领导行为。任何单位、任何领导干部做好工作，要解决三个基本问题，一是"做正确的事"，靠正确决策来解决；一是"正确地做事"，靠强大的执行力来解决；三是"抓住做事的关键"，靠培育人和用好人来解决。毛泽东在谈"什么是领导"时指出："领导者的责任，归结起来，主要地是出主意、用干部两件事。一切计划、决议、命令、指示等等，都属于'出主意'一类。使这一切主意见之实行，必须团结干部，推动他们去做，属于'用干部'一类。"[①] "出主意"就是作决策，"用干部"就是育人用人，通过各级干部的努力，去完成工作任务。由于现实中执行力不够的问题突出，我们今天需要把原本可以放在"用干部"中的"推动他们去做"的执行力单列。

决策能力是领导力核心要素之三，领导区别于群众的首要标志是作决策，领导行为首先是决策行为，决策是决定工作成败的第一要素，决策能力是衡量领导水平高低的试金石，所以成为领导力之关键。在宝钢领导力中，决策能力具体表述为：富有远见的决策能力。是指凭借知识和经验，尽可能充分地掌握信息，作出尽可能周密的分析和判断，立足于本企业的实际，以前瞻性的眼光和开阔的视野，运用科学和民主的方法，适时作出预见性强、正确而有效的决定的能力。回顾历史，正是一系列富有远见的重大决策的实施，才培育了宝钢在国内钢铁业的领先优势。新的发展形势以复杂多变为鲜明特点，更要求宝钢的决策、特别是重大战略决策必须富有远见。强调富有远见，是因为一切决策都是对未来事项的预测，具有很大的不确定性，如果没有远见就无力作出正确决策。对决策能力的要求，归结为一点，就是多谋善断。毛泽东指出："多谋善断这句话，重点在'谋'字上。要多谋，少谋是不行的。要与各方面去商量，反对少谋武断。商量少，又武断，那事情就办不好。谋是基础，只有多谋，才能善断。谋的目的就是为了断。要当机立断，不要优柔寡断。"[②] 为此，要建立科学、民主的决策体系，把握关键问题，合理授权，完善信息和智力支撑

① 《毛泽东选集》第二卷，人民出版社1991年版，第527页。
② 《论思想方法和工作方法（马克思主义经典作家的论述）》，上海人民出版社1987年版，第72页。

系统，严格履行重大问题决策程序。

执行能力是领导力核心要素之四，正确的决策靠有力的执行来保证，正如恩格斯指出："一个最好的计划，如果被软弱无力、优柔寡断地执行，也是没有价值的。"[①] 就先后顺序而言，执行力排在决策之后，但就重要性而言，两者不分上下，所以执行能力成为领导力之保证。在宝钢领导力中，执行能力具体表述为：基于系统优化的执行能力。是指坚持以制度建设为基础、由现代信息技术支撑的经营管理体系创新，做到市场、用户需求导向，业务流程驱动，令行禁止，协同高效，同时鼓励员工自主地、创造性地开展工作，将决策落实到现场，变为现实，实现企业战略目标的能力。强大的执行能力是宝钢取得成功的重要保证。面对企业规模的迅速扩大，宝钢必须健全战略管理体系，通过业务整合来优化组织体系和工作机制，注重流程的具体设计和工作的精心策划，改进日常工作的运作方式，解决好"大象灵活跳舞"的问题。

育人用人能力是领导力核心要素之五，虽然决策和执行都非常重要，但是起决定作用的是人，什么样的人做什么样的决策，什么样的人有什么样的执行力，企业能否实现更好更快发展，从根本上说取决于人力资源管理，所以育人用人能力成为领导力之根本。在宝钢领导力中，育人用人能力具体表述为：以人为本的育人用人能力。是指把员工的发展作为企业发展的根本措施和根本目的，着眼于发挥政治优势和创新机制、完善体系，来进行人力资源管理，不断满足员工的幸福生活需要，全面提升员工素

---

① 转引自中央文献研究室《党的文献》《文献与研究》编辑部编：《治国与读史》，中央文献出版社2008年版，第66页。

质，不断开发员工潜能，实现员工与企业共同发展的能力。人力资源管理难度很大，只有通过深化改革、制度创新来破解难题。宝钢提出，要以人为中心，通过实现人自身的现代化，来实行以人为本的现代化管理，创办世界一流的现代化企业。

习近平在党的十九大报告中指出："注重培养专业能力、专业精神，增强干部队伍适应新时代中国特色社会主义发展要求的能力"。富有远见的决策能力、基于系统优化的执行能力和以人为本的育人用人能力，是领导干部专业化的主要标志。

文化创新能力和领导方法优化能力两要素，是领导力的支撑力。所谓支撑力，是渗透于、作用于内生力和外现力五个要素之中，使之变得有深度和高度，有坚韧性、兼容性和持久性的能力。文化创新能力和领导方法优化能力，两者也相互渗透、相互作用。

文化创新能力是领导力核心要素之六，中国传统文化自有其可贵的精华，但由于建立在小农经济基础之上，依附于封建专制统治，又有其局限性和糟粕，现代企业发展必然要求秉承五四新文化运动优良传统，坚定地进行文化创新，所以文化创新成为领导力之灵魂。在宝钢领导力中，文化创新能力具体表述为：引领企业持续发展的文化创新能力。是指在企业的改革发展实践中，进行工业文化和商业文化的补课，并实现对工商文化的超越，创建和培育符合现代企业发展规律的企业文化，使广大员工更新观念，提升素质，养成与现代企业发展要求相适应的行为习惯，促进企业科学发展，使之基业长青的能力。

领导方法优化能力是领导力核心要素之七，领导方法直接关系到领导工作的效能高低和企业的兴衰成败，把握得好可以事半功倍，反之则事倍功半，所以成为领导力之智慧。在宝钢领导力中，领导方法优化能力具体表述为：着眼于解决问题的领导方法优化能力。是指在先进的领导思想引领下，以求真务实的态度，恰当地使用并不断改进领导方法，提高领导艺术，妥善而高效地解决应该由领导人员自己解决的问题、尤其是破解难题的能力。各级领导人员要以我党历史积累的正确领导思想为指导，以国内外优秀企业的先进经验为借鉴，进行领导方法创新，承担起历史赋予的重大使命。

上述七个核心要素是领导哲学的世界观和方法论，根据这七个核心要素编撰的《宝钢领导力》，在宝钢的领导力培训中发挥了重要作用，并且尝试在领导干部评价、考核中运用领导力七个核心要素。①

二、"三个导向"和"双优化"

党章要求"全面提高党的建设科学化水平"。这在基层干部队伍建设中怎么体现？我在长期的工作实践中逐步认识到，基层干部队伍建设要实行"三个导向"和"双优化"原则。"三个导向"是指需求导向、价值观导向和业绩导向。"双优化"是指优化干部个体素质和优化基层领导班子群体结构。"三个导向"和"双优化"密切相关，没有"三个导向"，不可能真正实现"双优化"，也就没有真正意义上的干部工作科学化。

---

① 参阅刘国胜主编：《宝钢领导力（修订版）》，中信出版社 2012 年版。

1. 需求、价值观和业绩导向

需求、价值观和业绩三者，是相互联系、递进的、缺一不可的选人用人原则。需求导向，是说注重从源头上加强基层干部队伍建设，按照基层单位中心工作、事业发展的需要选人用人；同时，尽可能按照干部本人的职业生涯发展愿望来安排他（她）的工作岗位。干部工作不是孤立地、就事论事地开展，而是为基层单位的中心工作、事业发展服务，同时为每一位干部的发展服务。基层干部队伍建设，要首先搞清楚本单位中心工作、事业的发展，对干部队伍建设提出了什么需求，需要什么样的人。需要什么样的人，就选用什么样的人。要处理好干部安排和工作需要的关系。干部是党的宝贵财富，培养一名合格干部不容易，对干部理应尽可能安排好。如何安排干部是一门大学问，值得深入研究。干部安排要服从事业发展需要，不是为安排而安排，尤其不能因人设事、甚至因人设岗。需求导向的选人用人原则，要求基层党组织全面了解本单位中心工作的现状和发展趋势，透彻地了解每一位干部的情况、尤其是每个人的特点，尽可能做到知人善任、人尽其才。

不少基层单位在干部工作中，缺乏对需求的深入研究，即使有所考虑往往也是大而化之，没有落实到具体岗位，更没有根据事业发展对干部需求带来的变化，相应地作出动态调整。要改变这种状况，只有主要领导、分管领导和干部工作部门的努力是远远不够的，还要依靠所有干部一起来做，这需要工作载体。我觉得，"双向设计"的做法值得探索。所谓"双向设计"，是"双向选择"的精细化。一方面是党组织对每个干部岗位的人选需求作出预测性设计，可以按照干部的匹配程度，对每个岗位做出

ABC 三个方案，A 为最佳方案，BC 次之。一方面是干部本人的职业生涯规划设计，每位干部可以根据自己的认识和愿望，对照每个岗位，对未来的职业生涯做出 ABC 三个选择，A 为首选，BC 次之。最好的结果是，两方面的 ABC 能高度契合，即 A 对 A，这是理想状态，实践中不会很多。次好的结果是，两方面的 ABC 能在一定程度上匹配，譬如 B 对 B 或 A 对 B，至少做到 A 对 C 或 B 对 C。一般情况下，最好不发生两方面的 ABC 完全不对应的情况。

价值观导向，是说要坚持德才兼备、以德为先的选人用人标准，强调价值观重于才华和能力。有一段时间只讲"能人经济"，忽视了所谓"能人"的价值观，对用人导向和事业发展带来负面影响。现在，越来越多的基层单位已经明确提出"价值观重于业绩"。这在国际上已成为共识。多年前我去美国通用电气公司（GE）考察，近些年去新加坡淡马锡公司考察，发现他们不仅明确提出了"价值观优先"原则，并且形成了一整套评价考核制度。以 GE 为例，他们把干部分成四类，一类是价值观和业绩兼优的，那没有疑问，就放心使用，其中表现出色的提拔重用；一类是价值观优、业绩不够优的，给培训和锻炼机会，能力提升后继续使用；一类是价值观劣业绩较优的，不因"惜才"而原谅其价值观劣，不留情面地解雇；一类是价值观和业绩兼劣的，那就不用说什么了，果断解雇。GE 的这种做法值得我们借鉴。

业绩导向，是说选人用人要在以德为先的前提下，用每一位干部创造的业绩来衡量。这里，需要对德、才、能、绩作点分析。德是底线，企业决不用德不好的人；但德好、才不够的人，也不能用到干部岗位、特别是领导岗位上来，好人不一定能成为好干部。才是重要的，但能比才还重要，才转化为能要看实践。绩又比能更重要，因为能转化为绩更要看实践。才和能不转化为绩，在很大程度上就失去了价值。为了把基层单位的工作做好，在干部队伍建设方面，总体上只能以成败论英雄。对此不能作简单化理解，对什么是业绩，什么是干部个人的业绩，要准确把握。一个人不可能不犯错误，也不可能没有失败；但正确应该多于错误，成功应该多于失败；对创新过程中出现的失误或失败尤其要宽容。

需求、价值观和业绩导向通过考核来体现，考核是指挥棒。考核要真正做好十分不易，虽然各方面都作出了不少努力，但时至今日，考核仍是干部队伍建设的薄弱环节；缺乏正确全面的考核，干好干坏一个样的情况还程度不同地大量存在。我在长期的实践中体会到，完善干部业绩考核，以下四种做法比较有效。一是采用业绩、素质和气质三维评价的办法。业绩评价以单位与干部签订的目标责任书为依据；素质评价以领导力七个核心要素的具体表现为依据；气质评价以人力资源中介机构比较成熟的评价模型为工具。二是实行年度业绩评价与任期业绩评价相结合，业绩评价与素质评价、气质评价相统一，评价结果与薪酬兑现、职业发展、岗位调整相挂钩的考核制度。三是素质评价采用 360° 行为评价方式。根据干部队伍建设要求建立素质模型，依据模型对干部进行素质评价，包括干部自评、班子成员互评、上级评价、下属评价、群众代表民主评议和党委组织部、人力资源部评价。在评价之前，干部须公开述职、述廉和述学，述职为主，述廉和述学不可或缺。四是党委会讨论，按"优秀、称职、不称职"分布原则，通过无记名表决确定业绩评价结果。

2. 优化个体素质和群体结构

干部群体由个体组成，加强基层干部队伍建设，首先必须优化干部个体素质。然而，每个干部都不是孤立地开展工作的个体，而是通过群体合力来完成艰巨的工作任务，所以必须同时优化基层领导班子群体结构。优化个体素质是基础。上述"232"结构的领导力七个核心要素，主要是从优化个体素质角度谈的，没有充分展开，这里稍作补充。干部的个体素质，除了德和才，还有身心素质。在转型期的中国社会，基层单位往往都承担着"向前走"和解决历史遗留问题的叠加任务，对干部不仅提出了德和才的很高要求，而且在身体健康和心理健康方面也提出了很高要求。时有所闻的基层干部英年早逝或患抑郁症的案例，提醒我们必须高度重视身心健康问题，引导和帮助干部，使他们在超常压力下能保持比较充沛的精力和良好的心理状态。

为了优化个体素质，基层党组织要加强对干部的教育培养。2013 年 3 月 1 日，习近平总书记在中央党校建校 80 周年大会上的讲话中指出："好学才能上进。中国共产党人依靠学习走到今天，也必然要依靠学习走向未来。"[1] 长期以来，基层党组织理论学习中心组学习和干部培训已经形成制度。如果说过去这两项制度曾经落实得不够，那么在从严治党的当下，制度落实一般已经不是问题。现在的主要问题不是量，而是质。从总体上看，干部教育的量不少、投入成本很高，但质有待进一步提高。提高质，

---

[1] 《习近平谈治国理政》，外文出版社 2014 年版，第 407 页。

重点要进一步解决学习和培训的针对性、有效性问题。本书第四讲已就党委中心组学习如何做到理论联系实际、与本单位中心工作深度融合，运用案例进行了阐述。本讲第一节运用案例介绍"232"结构的领导力七个核心要素，则与提高干部培训的针对性、有效性密切相关。有的基层党组织在干部学习培训期间，引导和训练他们养成读书习惯的做法，很值得提倡。我国的国民阅读率很低，一年的阅读量不到五本（加上电子阅读共七本左右）。国民阅读与国民素质相关，全世界国民阅读率最高的是犹太人，一年读 65 本左右。犹太人中出了耶稣、马克思、爱因斯坦，每 100 个诺贝尔自然科学奖获得者中近四分之一是犹太人。为了中华民族复兴，提高国民阅读率迫在眉睫。这很不容易做到，总要有人带头，干部、尤其是党员干部，就该带这个头。养成读书习惯，自学就有了保障，而自学，一定是组织开展的学习培训取得实效的基础，是优化干部个体素质最重要的方法之一。

相对于教育培训，优化个体素质更重要的是靠实践，领导力是一门实践性最强的学科，真正的领导本领不可能从书本和课堂获得。有的领导力学者带不好一个十人左右的小组，这并不是说笑，没经过实践历练的人，很难一下子适应一个领导岗位，哪怕只是带一个小小团队。彼得·德鲁克之所以能够成为国际公认的管理学大师中的大师和最著名的领导力专家，和他担任过公司领导，直接从事过领导实践，积累了经验有关。一个年轻人表现出色，如果不把他（她）放在最基层带团队，就直接提拔到职能部门工作，从办事员一直做到部门负责人，再做到单位领导，往往会留下缺憾。遇到突发事件，处理起来往往拿不出实招，用我的话来说就是"找不到感觉"。2020 年新冠疫情暴发之初，有些在一线指挥的干部，表现不令人满意。据我观察和分析，有的主要不是他们能力不够、素质不高，而是与他们年轻时缺少实践锻炼有关。我17岁进上海铁合金厂工作，20岁学徒还没有满师，就被抽调到厂团委工作，从担任干事到副书记，再到书记。过了几年，党委考虑让我去宣传部当部长，征求我意见。我提出，能否让我去生产车间接受锻炼，党委同意了我的请求，决定我去一车间（电炉车间）担任党总支书记，在这个岗位上工作了近六年。现在回想起来，如果没有这段经历，以后我就难以胜任厂党委书记，更不用说胜任更高的领导岗位了。

干部选用，看学历是必要的。在升学率已经比较高、本科毕业已经不算高学历的情况下，一般（但并不是绝对）把本科毕业以上学历作为基本条件之一，是必要和可能的。但比看学历更重要的是看经历，看有没有实践经验。前些年，许多人不重视这一点，提拔了一大批从家门到校门再到机关门的"三门"干部。有的领导干部以为，把刚从大学毕业的年轻人留在机关，是关心爱护他们；其实是害了他们，影响了他们健康成长，也影响了工作。多年前，我去某些党政机关考察部门的后备干部，发现"三门"干部占了很大比例，导致之后相当多的"三门"干部走上部门正职或副职岗位。这种局限性，使得他们考虑问题时，往往会在一定程度上脱离实际。那些注重基层调研、听取基层意见的还好些，如果连这一点都做不到就很糟糕。解决这个问题的最好办法，是下决心把没有基层经历的部门领导放下去（这些人年龄一般都不太大），给他们创造到基层锻炼的条件（时间不能太短，太短了意义不大）。更重要的是，以后不要再犯类似错误，而要把基层经历作为提拔干部的刚性条件之一，严格执行。宝钢创业时期，规定所有进厂的大学毕业生，都到生产一线工作一年。这种做法产生了很好效果，以后不论他们到管理岗位还是到技术岗位工作，都比较注意联系实际，追求实效。强调实践锻炼，丝毫没有忽视学习培训的意思。实践需要理论指导，有没有理论指导，实践效果大不相同。

在优化个体素质的同时，必须优化基层领导班子群体结构。个体素质是群体素质的基础，但不是全部，群体素质并不是个体素质的简单相加。没有良好的个体素质就没有良好的群体素质，但不是反过来说，有了良好的个体素质就一定有良好的群体素质。群体素质一方面与个体素质相关，另一方面又与群体结构相关。优化领导班子结构应当从基层单位改革发展的需要出发，做到职数精简、年龄梯次配备、专业符合需要、气质互补，并且高度重视女性干部和党外干部配备。

领导班子职数精简是提高基层治理水平和管理效率的基本条件之一。受根深蒂固的"官本位"理念影响，中国社会很容易产生管理机构膨胀现象，即使在革命战争时期也不能幸免。当年毛泽东听取民主人士李鼎铭先生提出的建议，下决心实行"精兵简政"，为抗日战争和解放战争的胜利，从一个极其重要的方面提供了保障。新中国成立以来，党和国家领导人多次提出要解决"生之者寡，食之者众"问题。基层党组织应当严格实行领导班子职数管理，杜绝超职数配备。领导班子年龄梯次配备是保持基层活力和可持续发展的关键因素之一，突出问题是青年干部配备。要切实加强后备干部队伍建设，形成优秀青年干部健康成长、有序进入领导班子的常态机制。年轻化不要绝对化，更不要搞年龄层层递减，要始终重视发挥中年干部的骨干作用。专业结构问题，也是优化群体结构要解决好的一个大问题。班子中既要有宏观思维能力、综合分析判断能力强的，又要有组织协调能力、执行指挥能力强的；既要有专业技术背景深厚的，又要有人力资源管理经验丰富的。这里，值得重视的一个问题是怎么看待专业。对基层干部而言，熟悉本单位的专业技术是必须的，如能精通当然更好。然而，更重要的专业是领导力，基层干部必须精通。群体的气质结构也很重要。班子中，既要有魄力大、作风硬朗的，又要有毅力强、作风细致的。应该按照同等优先原则，加强女性干部和党外干部的配备，这既是与承担社会责任相关的政治问题，更是事关领导班子自身群体结构优化的问题。事实证明，领导班子中有一定比例的女性干部和党外干部，对提升班子的整体能力非常必要。

为了优化基层领导班子群体结构，必须制定结构优化标准，并且严格执行。没有标准，优化群体结构的想法在很大程度上会流于空谈。制定标准应当采取上下结合的办法，先由所在单位党委会经过认真讨论后提出草案，报上级党委审查、决定，正式下发文件。标准应当根据基层单位改革发展的需要适时修订。制定标准重要，执行标准更重要。其重要意义在于逐步形成基层领导班子建设科学化的常态管理。以培养选拔年轻干部、女性干部和党外干部为例。长期以来，我们经常可以看到"临时抱佛脚"的情况。平时疏于管理，当某一个时段突然想到年轻、女性或党外干部青黄不接了，才匆匆忙忙去找人。这样做，难免会把一些尚不成熟的人突击提拔上来，既影响领导班子建设，也影响了被提拔者自身的健康发展。如果认真按照标准来调整领导班子，这种情况就可以避免了。

按照结构优化标准动态调整基层领导班子，还有利于解决干部能进不能出、能上不能下的"老大难"问题。按照结构优化标准，班子成员谁该出、谁该下一目了然。不是"优胜劣汰"性质的"出"和"下"，而是为了优化班子结构的"出"和"下"。当按照标准，班子结构中没有你的位子时，你就该"出"和"下"了。当然，对尚未到退休年龄的"出"和"下"的班子成员，应当按照他们的特长，安排做专项的管理或专业技术工作，继续发挥他们的作用，并且在薪酬待遇方面从宽掌握（一般可以保留原待遇）。优化群体结构，难免会遇到思想观念方面的障碍。为了使结构优化制度落到实处，应当把这项工作列为基层党组织党管干部的重要内容，对党委和党委书记进行认真严肃的考核。

三、深化干部制度改革大有文章可做

20 世纪 70 年代末，邓小平成为党的第二代领导集体核心之后，下了很大决心来推进干部制度改革。作为改革开放的总设计师，他以废除干部领导职务终身制为重点，具体谈了干部制度改革问题，指出："关键是要健全干部的选举、招考、任免、考核、弹劾、轮换制度，对各级各类领导干部（包括选举产生、委任和聘用的）职务的任期，以及离休、退休，要按照不同情况，作出适当的、明确的规定。任何领导干部的任职都不能是无限期的。"[1] 十年过后，干部制度改革虽然取得较大进展，但问题并没有得到根本解决。20 世纪 80 年代末，年事已高的邓小平不无遗憾地说了这样一段话："我这一生只剩下一件事，就是台湾问题，恐怕看不到解决的时候了。"接着他又说："还没有能够实现的，就是废除领导职务终身制，

---

[1] 《邓小平文选》第二卷，人民出版社 1994 年版，第 331—332 页。

这是制度上的重要问题。"① 在谈台湾问题后，把干部制度改革问题提出来，足见它的极端重要和解决之难。

邓小平讲此番话后又30多年过去了，党中央和中央组织部、各地党委，制定了不少干部制度改革的文件，许多基层单位也相应制定了不少实施细则。工作虽有新进展，但干部制度仍不完善，解决存在的问题仍然很难。然而，从另一个角度看，这说明干部制度改革的潜力还很大。我们毕竟有了40多年改革开放的历史，无论在理论上、政策上，还是在实践中，都有了大量积累——包括经验和教训。只要坚定不移、坚韧不拔地深化干部制度改革，开创基层干部队伍建设的新局面大有希望。我觉得，不要说再去新制定多少制度（这仍然是需要的，主要是修订），就是从制度落实角度看，就大有文章可做。这大致可以从四个方面进行分析。

一是严格执行制度。现状是，有的制度执行得比较好，有的制度却并没有得到严格执行。譬如，制度曾经规定，选举产生的干部，在任期内一般不调动。但在有的地方、有的单位，党代会闭幕不久，有的当选干部就调动，甚至三五年后当选干部大都调动，不是"一般不调动"，而是一般都调动了。可悲的是，人们——包括当时参加选举的党代会代表，往往并不注意这种现象，或者并不认为这是个什么了不得的问题，如果个别人提出这个问题，还会有人振振有词为之辩解："制度是死的，人是活的嘛。"这种漠视制度的现象，是人治大于法治的典型表现。深化干部制度改革，首先要解决制度的严肃性问题。有了制度就要严格执行，否则，伤害了制

---

① 《邓小平文选》第三卷，人民出版社1993年版，第295页。

度文化，干部制度改革的效果就会大打折扣。

二是提高制度运行质量。现状是，制度规定的程序一般都能履行。特别是在巡视工作、纪检监察工作大大加强的情况下，违反"三重一大"（即重大事项决策、重要干部任免、重大项目投资决策、大额资金使用）决策程序的情况，已经很少发生，但程序履行质量参差不齐。以重要干部任免为例，现在基本上都能做到经党组织集体讨论作出决定。但是，有的重要干部任免酝酿、听取各方面意见、包括领导班子成员意见不够。有的基层单位，明天要开党委会讨论干部安排，今天大多数党委委员还不清楚干部调整方案，对党员主要行政领导，党委书记也是才跟他沟通。有的基层单位，表面上干部任免程序的执行，掩盖了实质上的"一把手"说了算。又譬如，有的单位民主测评干部，参加测评者往往对被测评对象中大多数人的情况并不了解，也没有人介绍被测评者的情况，提供给测评者看的介绍被测评者情况的书面材料，厚厚一本，看不出被测评者实际表现到底如何，测评者大都看也不看。主持会议的领导还未及读完填写测评表的注意事项，不少人已经填写完毕。这种测评，在很大程度上只是走了程序，并没有多少实际价值。其实，上述情况是可能改变的。以严肃认真的态度执行制度，在提高制度运行质量上下点功夫，效果就会不一样。

三是在干部标准的把握上不求全责备。金无足赤，人无完人。干部、特别是优秀干部往往有鲜明的个性特点。称得上"个性特点"的东西，往往从某个角度看是优点，从另一个角度看则可能是不足。求全责备，往往舍去的是优秀人才，留下的是平庸之辈。不求全责备，需要在干部制度上体现出来。这与干部选举和测评有一定关系。现在的有些选举和测评，往往追求过高的得票率，越高越好，这就给得票相对低的干部带来压力。有的干部怕脸面不好看，就尽可能少去做担风险或者得罪人的工作，而这些工作往往是与深化改革相关的工作。

四是不要走极端。干部制度改革之初，为打破干部队伍过于稳定、缺乏活力的状况，积极提倡和推动干部交流。"树挪死、人挪活"成为打上"解放思想"印记的口头禅。经过不太长时间的努力，干部交流取得很大进展。问题出在有些地方和单位做过头，一个干部在一个岗位上的停留时间，平均只有两三年甚至更短。这在机构改革之际，或许还带有一定的合理性和必要性，但在常态下，其弊大大超过利。对一个干部来说，新任一个领导职务，要在熟悉情况的基础上真正进入工作角色，没有半年左右时间（对大单位而言，没有一年左右时间）是难以真正做到的。工作刚刚上手甚至刚刚熟悉情况就离开，对干部本人而言，失去了可能解决问题、做出业绩的机会；对所在单位而言，会影响全局（如果是正职的变动过于频繁）或某一方面工作（如果是副职的变动过于频繁）的展开——有的下属说，刚刚向新来的领导汇报完工作他就走了，又来新领导再汇报，工作怎么可能搞好呢？干部的变动过于频繁，还会造成一种浮躁、焦虑的选人用人氛围。不少干部岗位常常变动，许多干部自然就想：哪天轮到动我呢？我可能会动到哪里去呢？许多下属也会想：我的上级什么时候会动呢？谁可能接替他（她）呢？这种氛围对工作带来的消极影响显而易见。在我看来，干部变动过于频繁，其危害丝毫不小于交流不够。在继续积极推进合理交流的同时，要注意保持干部队伍的相对稳定。大多数干部，在一个岗位上的任职时间，至少不要少于三年，最好是五年或者更长时间。

在思考上述问题时，让我想起"彼得原理"。美国管理学家劳伦斯·彼得 1960 年在研究组织中人员晋升的相关现象后，得出结论：在一个等级制度中，每个人总趋向晋升到他所不能胜任的职位。这个结论是根据千百个有关组织中人员不能胜任的失败案例得出的。彼得指出，一个人由于在原有职位上表现好，有工作成绩，就将被提升到高一级的职位；如果他们继续胜任，将进一步提升，直至到达他们所不能胜任的位置。所以，组织的悲剧在于，每个职位最终将被不胜任的人所占有；而组织的工作任务，多半是由尚未达到胜任要求的人完成的。①

我以为，对"彼得原理"不宜作绝对化的理解。一个组织提升人员，当然应该提升在原职位表现好的人，他们被提升到高一级职位后，一般都需要有一段适应期，适应期过后有的能胜任，有的未必能胜任。现在许多基层单位提拔干部，都设了试用期，就是考察提拔后胜任与否。值得提出的问题是，如果一个被提拔的干部，在新的职位上工作时间很短，即使他德才出众，较快地适应了新的职位要求，开始胜任这个职位的工作，就提拔他到更高的职位去。那么，他就会处于这样一种状况：一个适应期接着一个适应期，始终在尚不胜任——还在适应中工作。在这个意义上，彼得原理有着它的现实价值。

---

① 参阅［美］诺斯古德·帕金森等著，俞慧霞等编译：《世界上最伟大的管理法则》，地震出版社2004年版，第24页。

反腐败斗争
须在治本上下功夫

习近平总书记在党的十九大报告中，对党的十八大以来的反腐败斗争作了如下评价："坚持反腐败无禁区、全覆盖、零容忍，坚定不移'打虎'、'拍蝇'、'猎狐'，不敢腐的目标初步实现，不能腐的笼子越扎越牢，不想腐的堤坝正在构筑，反腐败斗争压倒性态势已经形成并巩固发展。"在已经取得的成绩面前，基层党组织该如何推进反腐败斗争向纵深发展？我认为，在毫不放松治标的同时，应该在治本上下更大功夫。

治本，前提还是治标。基层党组织要把不发生严重违纪违法案件作为底线；在治标基础上着力治本，完善不想腐、不能腐、不敢腐的工作机制，从而掌握党风廉政建设和反腐败斗争的主动权，努力开创广大党员和人民群众称誉的风清气正的新局面。实现上述目标并不容易，但是，再困难，也要努力标本兼治，哪怕需要若干年。唯此，才谈得了党的初心和宗旨，谈得上高质量党建，才能说真正发挥了党的领导和党的建设的独特优势。

一、守住底线，完善机制，掌握主动权

对党风廉政建设和反腐败斗争的重要性，对党执政后发生腐败的可能性，对改革开放后反腐倡廉可能出现的新情况，我党都有着清醒认识。早在取得全国政权前夕，1949年3月召开的党的七届二中全会上，毛泽东就向全党提出了要防止"在糖弹面前打败仗"的警示，他指出："可能有这样一些共产党人，他们是不曾被拿枪的敌人征服过的，他们在这些敌人面前不愧英雄的称号；但是经不起人们用糖衣裹着的炮弹的攻击，他们在糖弹面前要打败仗。"① 即使及时作出了如此中肯的告诫，党内的严重腐败问题还是很快就大量发生了。1951年12月，毛泽东严肃地指出："自从我们占领城市两年至三年以来，严重的贪污案件不断发生，证明一九四九年春季党的二中全会严重地指出资产阶级对党的侵蚀的必然性和为防止及克服此种巨大危险的必要性，是完全正确的。"② 中共天津地委书记刘青山和行署专员张子善，都是入党多年、经历过革命战争考验的领导干部，但进城后，却在剥削阶级思想的腐蚀下，利用职权，盗用公款171万元，进行倒买倒卖的非法经营活动，并且盘剥治河民工款22万元，从国家资财中贪污、挥霍3.7万元，生活腐化堕落，蜕变成人民的罪人。尽管他们在民主革命时期有过功劳，但党绝不姑息。考虑到作为执掌着全国政权的党，如果对党内极端腐化堕落分子不严加惩处，"我党将无词以对人民群众，国法将不能绳他人，对党损害异常严重"，党中央、毛泽东批准了对

---

① 《毛泽东选集》第四卷，人民出版社1991版，第1438页。
② 《毛泽东文集》第六卷，人民出版社1999年版，第208页。

刘青山、张子善判处死刑。

刘青山、张子善堕落成为大贪污犯的严重情况引起党中央和毛泽东的高度重视，中央决定在全党开展反对贪污、反对浪费和反对官僚主义的"三反"运动，这是党执政后反腐败的初战。"三反"运动虽然发生了一些偏差，但基本是健康的。"三反"运动教育了大多数干部，挽救了犯错误的干部，清除了干部队伍中的贪污腐败分子，树立了国家工作人员廉洁、朴素、为人民服务的工作作风，还带动了厉行节约、艰苦奋斗、爱护国家财产等新的社会风气进一步形成①。"三反"运动加上之后开展的大量与反腐败相关的艰巨工作（其中不乏与政治运动联系在一起的工作，呈现出非常复杂的情况，有的产生了严重的负面影响），有效遏制了党执政后发生的腐败现象，从廉洁自律角度看，"文革"前我党的党风虽然也存在着许多问题，但总体上说是比较好的，得到了人民群众的充分肯定。

改革开放初，新形势下党内的腐败问题开始露头，且迅速蔓延，引起党中央高度警觉。最早提出警告的是时任中共中央副主席、中央纪律检查委员会第一书记的陈云，1980年11月，他在中纪委召开的第三次贯彻《关于党内政治生活的若干准则》座谈会期间指出："执政党的党风问题是有关党的生死存亡的问题。因此，党风问题必须抓紧搞，永远搞。"②同年12月，邓小平在中央工作会议上的讲话中明确表示："我赞成陈云同志讲的，执政党的党风问题是有关党的生死存亡的问题。"③1982年4月，他在

---

① 中共中央党史研究室著：《中国共产党历史》第二卷（1949—1978）上册，中共党史出版社2011年1月版，第159—162页。
② 《陈云文选》第三卷，人民出版社1995年版，第273页。
③ 《邓小平文选》第二卷，人民出版社1994年版，第358页。

谈打击经济犯罪活动时指出："我们自从实行对外开放和对内搞活经济两个方面的政策以来，不过一两年时间，就有相当多的干部被腐蚀了。""这股风来得很猛。如果我们党不严重注意，不坚决刹住这股风，那末，我们的党和国家确实要发生会不会'改变面貌'的问题。这不是危言耸听。"① 话说得够重的。

1982 年 9 月，胡耀邦总书记在党的十二大报告中提出，要在今后五年内，实现党风根本好转②。从以后的情况看，这一目标显然提得过于乐观了，不仅在五年后的 1987 年没有实现，即使在 30 多年后的今天仍然没有完全实现。但提出这样的目标，确实体现了党中央的决心和党心、民心。不久后，党中央就清醒地认识到，反腐败将是一场长期的尖锐复杂的斗争。1992 年，邓小平在南方谈话中指出："在整个改革开放过程中都要反对腐败。对于干部和共产党员来说，廉政建设要作为大事来抓。"③ 回顾历史，党风建设在改革开放后遇到的考验，比人们预料的严重得多。要经受得起这种考验，必须坚持从严治党。从严治党一直在强调，也采取了许多措施，但总体上失之于宽松软的问题，在较长时期内并没有真正解决。

党的十八大是一个具有历史意义的转折点，以习近平同志为核心的党中央在提出中国梦后，紧接着解决的是全面从严治党问题。习近平指出："如果管党不力、治党不严，人民群众反映强烈的党内突出问题得不到解决，那我们党迟早会失去执政资格，不可避免被历史淘汰。这决不是危言

① 《邓小平文选》第二卷，人民出版社 1994 年版，第 402—403 页。
② 中共中央文献研究室编：《十二大以来重要文献选编（上）》，人民出版社 1986 年版，第 57 页。
③ 《邓小平文选》第三卷，人民出版社 1993 年版，第 379 页。

耸听。"① 他还掷地有声宣告："我们用行动证明，我们是说到做到的。"②
全面从严治党，首先体现在惩治腐败。习近平指出："腐败是社会毒瘤。
如果任凭腐败问题愈演愈烈，最终必然亡党亡国。我们党把党风廉政建设
和反腐败斗争提到党和国家生死存亡的高度来认识，是深刻总结了古今中
外的历史教训的。中国历史上因为统治集团严重腐败导致人亡政息的例子
比比皆是，当今世界上由于执政党腐化堕落、严重脱离群众导致失去政权
的例子也不胜枚举啊！"③ 还有什么话说得比这更重的吗？！十八大后自上
而下迅疾刮起廉政风暴，2012 年 12 月 4 日中央政治局审议通过关于改进
工作作风、密切联系群众的八项规定，2013 和 2014 年开展党的群众路线
教育实践活动，各级巡视组铁面无私开展工作，一系列严重的腐败案件被
查处，反腐败力度史无前例，效果明显，党内外群众拍手称快，并且受到
国际舆论的普遍好评。

反腐败斗争永远在路上，对反腐败斗争形势，党的十九大报告用了
"依然严峻复杂"的判断。基层党组织在党风廉政建设和反腐败斗争中，
应该有新的作为。面对严重违纪违法案件仍时有发生的客观现实，基本
思路仍应是治标和治本相结合。治标，要以不发生严重违纪违法案件为目
标，把它作为工作底线牢牢守住。治标过程中就要增强治本意识，下真功
夫、大功夫完善不想腐、不能腐、不敢腐的工作机制。能否治本，取决于
能否完善"三不"工作机制。不想腐要完善道德建设工作机制，不能腐要
完善制度建设工作机制，不敢腐要完善监督和纪律建设工作机制。三方面

---

①②③ 中共中央纪律检查委员会、中共中央文献研究室编：《习近平关于党风廉政建设和反腐败斗
争论述摘编》，中央文献出版社、中国方正出版社 2015 年版，第 34、97、5 页。

的工作机制相互渗透，相辅相成。完善上述工作机制，就是加强党内外的法治建设。如果经过若干年努力，上述工作机制相对完善了，治本大见成效，得到广大党员和群众认可，基层党组织就掌握了党风廉政建设和反腐败斗争的主动权。

二、加强"怎么做人"的道德建设

分析腐败案件发生的原因，案件当事人没有解决好世界观、人生观、价值观问题，即"怎么做人"的问题，具有共性。要解决好这个问题，必须加强道德建设。我党一贯重视道德建设，曾取得显著成效，但也明显存在效果衰减的问题。怎么解决？我觉得，首先要准确理解什么是道德、道德建设和道德修养；然后要让每个干部明白，道德建设不仅是组织对你的要求，而且是你自己的内在需求。还有，要把必须做到与提倡做到，正常情况下的道德要求和特殊情况下的道德要求，加以区别。不要一讲道德就提到最高能级，就是"高大上"、甚至要求做"圣人"，就是一些难以入耳入脑入心的抽象概念。而应该从人性真善美的角度去引导，才能与大多数人的心灵相通，收到较好效果。

什么是道德？《辞海》的定义是："以善恶评价的方式调节人际关系的行为规范和人类自我完善的一种社会价值形态。"[①] 这个定义告诉我们，第

---

① 《辞海》第六版，上海辞书出版社 2009 年版，第 408 页。

一，道德是行为规范，用于调节人际关系，以善恶为评价标准。第二，道德是一种社会价值形态，是人类追求自我完善的需要。李泽厚在《什么是道德》一书中指出：道德行为的特征，"是由理性来主宰和控制情欲，是理性的凝聚。""规范主宰人的行为，而且主宰自己的欲望，甚至主宰自己的生命，这是道德。""遵守秩序排队、不闯红灯，这些行为虽然很普通，但恰恰是道德问题。""从不闯红灯到牺牲生命（按：譬如救火队员为救火牺牲生命），这些都是道德的行为，但等级、层次大不相同，今天的道德是社会性公德。"①以上论述主要说明两点，第一，道德是理性对过度的欲望的控制。正如老子曰："祸莫大于不知足，咎莫大于欲得，故知足之足，常足矣。"②第二，道德有不同境界，高境界可以覆盖相对较低的境界。

什么是道德建设？建设是指创立新事业，道德建设是指积极促进道德发展、提升道德境界的各项活动，一般指组织行为。什么是道德修养？"修"侧重讲进行或接受教育，"养"侧重讲养成，道德修养一般指个体行为。动物只有本能没有道德，人既有本能又有道德；道德把人与动物区分开来，为人所特有。道德并不是天生的，而是通过道德建设和道德修养而成。道德建设和道德修养是具体的，要切实地从一点一滴做起。道德建设和道德修养一靠教育，解决认识问题——"知"的问题；二靠训练和培养，解决实践问题——"行"的问题；三靠先进分子（共产党员，尤其是其中的领导干部）的带头、带动——这是我们的真正优势，关键在于怎么发挥好。

① 李泽厚等著：《什么是道德？李泽厚伦理学讨论班实录》，华东师范大学出版社 2015 年版，第 75、111 页。
② 〔魏〕王弼注，楼宇烈校释：《老子道德经注》，中华书局 2011 年版，第 129 页。

习近平指出："国无德不兴，人无德不立。""道德之于个人、之于社会，都具有基础性意义，做人做事第一位的是崇德修身。这就是我们的用人标准为什么是德才兼备、以德为先，因为德是首要、是方向，一个人只有明大德、守公德、严私德，其才方能用得其所。"① 于个人，道德修养是安身立命之本。一个人离开了道德修养，不可能获得真正的幸福。于国家、于社会，道德建设和道德修养关乎党和国家的兴衰存亡。《大学》曰："身修而后家齐，家齐而后国治，国治而后天下平。""自天子以至于庶人，壹是皆以修身为本。"②"修齐治平"说强调修身是基础，修身首先是修德。道德建设和道德修养与制度建设相辅相成、不可或缺。经历了制度缺失的年代，生活在制度仍不完善的社会中，强调制度建设十分必要。但相对而言，道德建设和道德修养更具有根本性，如果不加强道德建设和道德修养，制度建设不可能真正成功。干部道德素质过硬，对制度的合理制定尤其是有效执行，会起巨大促进作用；反之，则会起严重的侵蚀、破坏作用。

道德建设和道德修养的核心是解决好理想信念问题。鲁迅说："我们要革新的破坏者，因为他内心有理想的光。"为什么要革新，或者说革命、改革？不是为了奴隶和主子换位，推翻压迫、剥削自己的人，自己成为压迫者、剥削者。过去你是主子我是奴隶，我听命于你，革命胜利、改革成功后我成为主子，你或他人成为奴隶，你们听命于我。这种没有"理想的光"的变动，是封建社会改朝换代的基本特点。一个新朝代建立初期，统治者

---

① 《习近平谈治国理政》，外文出版社 2014 年版，第 168、173 页。
② 王国轩译注：《大学中庸》，中华书局 2006 年版，第 4—5 页。

为了维护自己的统治，也会采取一些安抚百姓的惠民措施，但理念不变，总长久不了，旧病复发，逃脱不了衰亡的命运。这就是当年国民参政员黄炎培与毛泽东在"窑洞对"时提出的"周期律"。孙中山解释他三民主义中的民权主义："至于民权主义，就是政治革命的根本。""凡是革命的人，如果存有一些皇帝思想，就会弄到亡国。"其中蕴含着"周期律"的意思①。共产党人跳出这"周期律"，首先要坚定马克思主义的理想信念，破除封建专制思想残余的禁锢。在此基础上，要切实加强和不断完善法制建设。

道德建设与基层单位事业发展关系密切。以企业为例。资本主义早期，在英国曾经历了一个"道德黑暗"时期，恩格斯经过深入细致的调查研究，写了《英国工人阶级状况》，详细揭露和批判了英国企业存在的不道德问题。由此，企业的道德建设日益引起社会关注，道德状况不断改善并且上升到理论。英国管理哲学的奠基人奥利弗·谢尔登1923年出版了《管理哲学》一书，指出："管理必须证明自身在道德上是正当的"，"管理的目标必须使工业变得更加有效地人道"，"管理方面职业道德的形成，显然促进了管理的发展"；"需要复兴工业的基本伦理"，"物质进步必须伴随道德进步"，"工业必须把工人作为人来对待"，"它要赋予工厂活动以人性的脉搏，使生产人性化，使工人真正成为人"。②东方基业长青的成功企业，几乎无一例外都是在道德建设方面取得成就的企业。以日本为例，从"企业之父"涩泽荣一到"经营之神"松下幸之助，到当今最有影响的企业家

① 魏新柏选编：《孙中山著作选编（上）》，中华书局2011年版，第132、133页。
② ［英］奥利弗·谢尔登著，刘敬鲁译：《管理哲学》，商务印书馆2013年版，第29、34、46、73、89、167页。

之一稻盛和夫，都在企业道德建设方面负有盛名。涩泽荣一提出了"士魂商才"说，他崇尚《论语》，认为："只有《论语》才是培养士魂的根基"，"商才也要通过《论语》来充分培养"。"离开道德的商才，即不道德、欺瞒、浮华、轻佻的商才，绝不是真正的商才。"①他著有《人生十论——〈论语〉中的处世之道》，把中国的儒家精神和欧美的经济伦理合为一体，奠定了日本经营思想的基础。

联系到基层党建。应该肯定，大多数基层干部程度不同地注重道德建设，身处未身历其境者难以体会的复杂环境，他们在本职岗位上，拒腐蚀，兢兢业业地努力着、奋斗着，为改革发展作出了不可磨灭的贡献。但也要看到，由于主客观两方面原因，他们曾经程度不同地存在形式主义、官僚主义、享乐主义和奢靡之风，有的至今还存在着；少数人无视党纪国法、贪污受贿，甚至道德沦丧，走上害党害国害民的犯罪道路。究其原因，既在于法治不完备和体制、机制不完善，又在于社会道德建设滞后，本人道德修养欠缺。从后者看，可以说是"先天不足、后天未补"，导致定力不够。

先天不足，是指相当一部分干部在特定的教育背景下和社会环境中，存在知识结构缺陷，缺乏人文底蕴和对马克思主义的真正理解，缺乏历史底蕴和对中共党史的真正理解。像我这样年龄的人年轻时，古今中外的人文经典大都被贴上"腐朽的封资修"（封建主义、资本主义和修正主义）标签，而被列为禁书。尤其是"文革"十年，除了毛泽东著作和当时的重要

---

① ［日］涩泽荣一著，王中江译：《人生十论——〈论语〉中的处世之道》，华东师范大学出版社2012年版，第5页。

文件、报刊，能够读到的主要是马克思主义著作和鲁迅作品——往往又经过不完整或不准确解说。这种状况难以避免地造成我们这代人知识结构的"人文性缺陷"。当然，也不应完全否定那个匆匆而过的青春年华的阅读，我们毕竟还是读了一些马克思主义、毛泽东思想的原著和鲁迅作品，从中吸取了一定养分。

后天未补，是指改革开放后人们进入了可能实现知识结构优化的年代，然而许多人并没有实现这种优化。"书禁"刚开放时，可以欣喜地看到，为了买到新出版的世界名著，人们连夜在新华书店门口排起长队，买到书后争相传阅。"文革"中被禁的中国古籍和现代人文名著重印后，也成为"抢手货"。但是，这个供不应求的"书荒期"很短暂，没过多久，古今中外的人文经典基本都能买到了。同时，马克思主义理论研究取得重大成果，对鲁迅作品的研究更是如此。可惜，在"一切向钱看"、物欲横流的冲击下，大多数人的人文经典阅读热情迅速减退。大学和干部培训院校安排和引导学生、学员阅读的，主要是经济管理等实用类书籍，人文经典的阅读得不到足够重视。这就使得许多人知识结构的"人文性缺陷"依然存在，无论是我们这一代，还是下一代。当然，还是有少数人重视阅读人文经典，他们知识结构的"人文性缺陷"得到了程度不同的补偿。

虽然先天不足、后天未补，但大多数基层干部还是能在党组织的教育下，在家庭和社会仍然存在的真善美的潜移默化影响下，经受住考验，保持了待人处世的基本准则。但同时要看到，先天不足、后天未补，对部分基层干部而言，势必造成缺乏定力，经不起频频袭来的糖衣炮弹的猛烈进攻和"温水煮青蛙"式的腐蚀。在我认识的一些被查处的领导干部中，虽然有个别人原先给大家的印象就不太好，但其中的有些人给我的印象并不差，有的待人接物比较低调，工作业绩也不错。他们后来之所以走上违法犯罪的不归之路，根子确实是在道德修养上出了问题。

面对这种情况，基层党组织要积极引导干部严以修身。在极其复杂的社会环境中，人面临向善和向恶两种可能性。为了始终向善，必须做到严以修身。关键要坚定理想信念，进入马克思主义的人生境界。我以为，联系当代中国共产党的实际，这集中表现为"为民务实清廉"[①]，其核心是"为民"。马克思主义从来不否定个人，包括你我他在内的"每个人"；只是告诉人们，只有解放全人类，才能最后解放"每个人"自己。毛泽东指出："公和私是对立的统一，不能有公无私，也不能有私无公。我们历来讲公私兼顾，早就说过没有什么大公无私，又说过先公后私。"[②]严以修身要坚守人文精神——解决"何谓文明人、怎么做人"问题，这就又回到阅读人文经典的话题。坚定理想信念离不开吸收人类文明的一切成果，离不开以先进人文思想资源作为底蕴，基层组织应该把组织和引导党员，尤其是干部阅读人文经典，作为道德建设的一件大事来抓。

三、"制度好"才能成为关住权力的"笼子"

反腐败斗争治本，必须加强道德建设，解决干部不想腐的问题。道德

[①] 《中国共产党第十八次全国代表大会文件汇编》，人民出版社 2012 年版，第 47 页。

[②] 中共中央文献研究室编：《毛泽东年谱（1949—1976）》第四卷，中央文献出版社 2013 年版，第 299 页。

建设离不开制度建设，需要制度建设作保证，在这个意义上说，制度建设是治本的关键。改革开放以来，尤其是党的十八大以来，在总结历史经验教训的基础上，党风廉政建设和反腐败斗争，在制度建设方面下了很大功夫，但尚未达到完善程度。基层党组织要掌握党风廉政建设和反腐败斗争的主动权，就要立足于基层单位实际，深入思考制度建设，使之提高到一个新水平。

有关制度建设的论述，最经典的莫过于邓小平1980年在《党和国家领导制度的改革》中说的那段话："我们过去发生的各种错误，固然与某些领导人的思想、作风有关，但是组织制度、工作制度方面的问题更重要。这些方面的制度好可以使坏人无法任意横行，制度不好可以使好人无法充分做好事，甚至会走向反面。即使像毛泽东同志这样伟大的人物，也受到一些不好的制度的严重影响，以至对党对国家对他个人都造成了很大的不幸。"他解释道："不是说个人没有责任，而是说领导制度、组织制度问题更带有根本性、全局性、稳定性和长期性。这种制度问题，关系到党和国家是否改变颜色，必须引起全党的高度重视。"基于以上分析，邓小平提出："如果不坚决改革现行制度中的弊端，过去出现过的一些严重问题今后就有可能重新出现。只有对这些弊端进行有计划、有步骤而又坚决彻底的改革，人民才会信任我们的领导，才会信任党和社会主义，我们的事业才有无限的希望。"①对以上论述，人们大都是从制度建设重要性角度去理解的。这没有错，但并不完整。其实，邓小平还突出

---

① 《邓小平文选》第二卷，人民出版社1994年版，第333页。

地讲了"制度好"和"制度不好"的问题。他认为,有些重要制度已被历史证明"不好",要"坚决改革现行制度中的弊端"。这是一个十分重要的思想。

经过 40 多年改革,当时存在的"制度中的弊端"在相当程度上已经被克服,但还要看到,制度建设仍是一个相对突出的薄弱环节,这成为腐败得不到根治的一个基本原因。存在的主要问题借用邓小平的说法是,制度还不够好,尚需不断完善。这是深化改革的基本理由。针对这种情况,习近平总书记提出了"把权力关进制度的笼子里"的著名论断,他指出:"要善于用法治思维和法治方式反对腐败,加强反腐败国家立法,加强反腐倡廉党内法规制度建设,让法律制度刚性运行。扬汤止沸,不如釜底抽薪。要从源头上有效防治腐败,加强对典型案例的剖析,从中找出规律性的东西,深化腐败问题多发领域和环节的改革,最大限度减少体制障碍和制度漏洞。要加强对权力运行的制约和监督,把权力关进制度的笼子里,形成不敢腐的惩戒机制、不能腐的防范机制、不易腐的保障机制。"①怎么才能"把权力关进制度的笼子里"呢?这里提出了"要从源头上有效防治腐败",提出了通过深化改革,减少体制障碍和制度漏洞的根本解决方法,操作上,则提出了"加强对典型案例的剖析,从中找出规律性的东西"。

制度建设包括两方面,一是党风廉政建设和反腐败斗争方面的制度建设,一是社会和每个基层单位工作治理和管理方面的制度建设。两方面

---

① 中共中央纪律检查委员会、中共中央文献研究室编:《习近平关于党风廉政建设和反腐败斗争论述摘编》,中央文献出版社、中国方正出版社 2015 年版,第 121 页。

的制度建设密切相关，后者是前者的基础，如果后者漏洞百出，前者防不胜防。反腐败斗争从源头抓起，在制度建设方面，首先是指后者。据我观察，在从严治党的大背景下，第一方面的制度建设进步很大，尤其是监督方面的制度建设，不仅出台了许多新制度，而且大力加强了监督的力量，监督机构人员之多、职位之高，前所未有。这方面制度建设的加强，使得解决"不敢腐"问题取得显著成效。但是对第二方面的制度建设，却普遍重视不够，这主要不在高层，而是基层，基层跟不上高层。对企业经营管理方面的制度建设，因为缺少来自上级的压力和市场的压力，功夫下得不够。虽然大多数企业在经营管理方面都深浅不一地运用了信息技术，也取得一些成效；但信息技术再先进也只是工具，如果没有开展业务流程再造——革命性的制度建设，所能取得的成效相当有限。令人遗憾的是，在业务流程再造方面，说的企业很多，真正做的企业并不多。其结果是，在企业，"体制障碍和制度漏洞"还不同程度地普遍存在，成为高压下腐败案件仍时有发生的根本原因之一。

这方面的问题，不仅企业存在，其他基层单位同样存在，有的比企业还严重。2020 年 10 月 19 日光明网评论员文章说，据媒体报道，今年以来，中央纪委国家监委网站共通报了近 30 名高校厅局级官员被查处，其中高校党委书记、校长（院长）占比超过七成。评论员评论道，这大体反映了当下高校管理层运作的实况。"如果一所高校一言堂，一人说了算，那么，这样的高校与一些地方官场一样，不出事情才怪。"为什么会有一言堂，一人说了算？就是治理制度、管理制度存在问题。这是基层党组织在深入推进党风廉政建设和反腐败斗争中，应该高度重视、切实解决的问题。减少体制障碍和制度漏洞，基层党组织大有可为。我认为，台塑王永庆实施的"三化"和安永会计师事务所提出的构筑"一个基础三道防线"，虽是针对企业而言，但其基本方法值得所有基层单位借鉴。

"三化"是指所有事项制度化，所有制度表单化（表指表格，所有工作制度以表格来体现，一目了然；单指单据，所有资金出入都以单据作凭证，没有单据一分钱也不能动用），所有表单电脑化（即信息化，体现制度的表单都在信息系统中运转，留下痕迹；程序无法跳过）。如果"三化"做得比较完善，不仅带来巨大的经济效益（投资同样一个项目，台塑的投资额可以比同行少20%），而且最大限度减少了腐败——不能腐有了可靠的制度保障（当然这是一个方面，还需要社会上其他单位的制度完善配套）。凡是了解台塑"三化"经营管理法的人，特别是去过台塑实地考察者，都说"三化"好，可惜愿意学习借鉴的寥寥。究其原因，不是"三化"方法的运用有多么难，而是因为涉及整个单位的工作流程再造，需要做大量艰苦细致的基础工作，一般人都不愿下决心做。在这种情况下，基层党组织就应该从发挥领导作用或引领作用的角度去积极推进。

构筑"一个基础三道防线"，是我2005年到香港参加国务院国资委组织、安永会计师事务所承担的培训时，了解到的该事务所提出的企业风险管控模型。一个基础，就是完善公司法人治理结构；三道防线，一是业务单元，二是监督部门，三是内部审计部门。我觉得，如果把完善公司法人治理结构改为完善基层治理体系，构筑"一个基础三道防线"，是克服基层单位体制障碍和堵塞制度漏洞的好思路、好方法。完善基层治理体系，是建立基层决策机构的制约机制。把业务单元作为风险管控的第一道防线，体现在所有业务部门建立自我制约机制；把监督部门和审计部门作为风险管控的第二、第三道防线，分别从比较全面的角度和相对专业的角度（主要是财务角度），建立基层的自我制约机制。

四、"窑洞对"和实行有效监督

党风廉政建设和反腐败斗争，教育、制度建设和监督是一个相互联系的整体，缺一不可。基层党组织要认真执行党的十八届六中全会审议通过的《中国共产党党内监督条例》，切实加强党内监督。做好监督工作，要从提高对监督的认识入手。前述"窑洞对"，至今仍给我们以深刻启示。1945年7月毛泽东在延安窑洞，问黄炎培在延安的感受怎样？黄炎培说：我生六十多年，耳闻的不说，所亲眼看到的，真所谓"其兴也浡焉"，"其亡也忽焉"，一人，一家，一团体，一地方，乃至一国，不少单位都没有能跳出这周期律的支配力。一部历史，"政怠宦成"的也有，"人亡政息"的也有，"求荣取辱"的也有，总之没有能跳出这周期律。中共诸君从过去到现在，我略略了解，就是希望找出一条新路，来跳出这周期律。毛泽东回应道："我们已经找到新路，我们能跳出这周期律。这条新路，就是民主。只有让人民来监督政府，政府才不敢松懈。只有人人起来负责，才不会人亡政息。"①用民主取代专制，是现代政治发展的必然趋势。毛泽东把民主之路说成"新路"，区分了民主的新旧，他把孙中山领导的资产阶级革命称为"旧民主主义革命"，把共产党领导的革命称为"新民主主义

---

① 中共中央文献研究室编：《毛泽东年谱（1893—1949）》修订本中卷，中央文献出版社2013年版，第610—611页。

革命"。"新民主",新在"人民监督政府",新在"人人起来负责"。这是发扬民主的两个基本角度。民主首先在于监督,没有对权力的监督,就无所谓民主,权力也必定会走向腐败。民主的更高境界是实现自主管理。

历史告诉我们,毛泽东指出的这条民主新路走得很不平坦。这固然与对社会主义民主需要一个认识和探索过程有关,但也与漫长的中国封建专制统治的影响很难消除有关。30多年后的1980年8月,邓小平在谈肃清封建主义残余影响时指出:"肃清封建主义残余影响,重点是切实改革并完善党和国家的制度,从制度上保证党和国家政治生活的民主化、经济管理的民主化、整个社会生活的民主化,促进现代化建设事业的顺利发展。"[①]这里重点谈了民主,谈到政治、经济和社会三个"民主化",看似平淡,其实既全面又深刻。有学者在论中国政治时强调社会建设的重要性,提出:"执政党的意识形态的重建需要把社会提高到和经济和政治同等重要的水平,只有实现了经济、社会和政治三者之间平衡的时候,执政党的意识形态才会有效。"[②]

改革开放初,邓小平就把政治、经济和社会建设同时明确提出来了。改革开放中,邓小平又从政治体制改革的角度,就发展社会主义民主问题,谈了许多重要意见。之后的历史表明,民主的发展受到不同角度的极端主义思潮干扰,怎么在干扰中保持清醒,稳妥地推进民主发展,成为党的必然选择。这里的底线,是吸取世界上许多国家的教训,决不走"全盘西化"的邪路而导致中国掉入动乱和倒退的陷阱。决不走邪路,也决不能

---

① 《邓小平文选》第二卷,人民出版社1994年版,第336页。
② 郑永年著:《再塑意识形态》,东方出版社2016年版,第145页。

盲目复古——我们要自觉地完成五四新文化运动就开始的清除封建专制遗毒的民主启蒙，积极稳妥地发展社会主义民主。每个人、首先是各级领导干部都要从自己做起。

监督是民主的基本要求。离开了有力、有效的监督，党风廉政建设和反腐倡廉斗争不可能真正得到加强。加强监督的前提，是增强各级干部（首先是主要领导）自觉接受监督意识。基层党组织要严肃地告诉大家：民主是现代文明的基本要求，讲民主是摆脱野蛮，任何正派的人都不应当惧怕民主、惧怕监督，何况党员干部！民主监督，要求信息最大限度地公开透明。基层单位选人用人和资产处置，都不允许搞暗箱操作，要让权力在阳光下运作。阳光是最好的防腐剂和消毒剂，万物只有在阳光下才能健康生长，人作为万物之灵，尤其需要阳光。我在宝钢很早就提出一个观点："凡是涉及国有资产的任何事情，如果不想让任何人知道——见不得人，一定是有问题的。"基层党组织加强监督，要充分发挥纪检、监察组织的作用，尊重纪检、监察组织的垂直领导。积极推进监督资源合理整合，提高监督工作专业化水平。

五、落实好基层党委的主体责任

完善党风廉政建设和反腐败斗争的制度，要明确和落实好基层党委的主体责任和纪委的监督责任。在我看来，纪委的监督责任历来是明确的，只是落实得不够好。主观上，这往往与纪委书记的畏难情绪有关——"在一口锅里吃饭，党政正职是我的领导，很难监督"。另外，还与对"为经济工作服务"的认识片面性有关——怕监督严了影响经济工作。客观上，当时上级纪委往往对下级纪委工作的支持力度不够，也影响了下级纪委履行监督责任。党委的主体责任，原来不够明确——强调党委的领导责任，把直接责任放在纪委身上。我先后当过三个国有企业党委书记，都是这样把握的，纪委书记是党委委员或党委常委，分管纪检监察工作。事实证明，如此职责分工不足以加强党对党风廉政建设和反腐败斗争的领导，所以作了调整。基层党委如何落实党风廉政建设和反腐败斗争主体责任？我总结多年来的经验教训，有以下四点心得。

一是在落实思想教育责任方面，要注重"三抓"，即抓根本、抓倾向、抓典型。抓根本，就是抓住以诚信为根本的世界观、人生观、价值观和权力观、地位观、利益观、政绩观教育。大力倡导讲真话，言而有信，做到"五个不折不扣"，即不折不扣依法办事，不折不扣履行合同，不折不扣执行制度，不折不扣兑现承诺，不折不扣完成任务。抓倾向，就是抓住处于萌芽状态的倾向性问题，未雨绸缪，通过对违纪违规"苗头"行为的讲评或通报，进行警示教育，防患于未然。抓典型，就是抓住反面典型案例，深入剖析，举一反三，引以为戒。思想教育的责任，应当在党委中心组专题学习、干部专题培训和个别谈心中体现出来。

二是在落实制度建设责任方面，包括狭义的党风廉政建设和反腐败斗争本身的制度建设，广义的工作制度建设。腐败问题主要发生在工作中，称之为"职务犯罪"。只有建立健全工作制度（包括基层治理制度和管理制度），才能有效地防止腐败现象发生。党风廉政建设和反腐败斗争本身的制度建设，基层党组织无疑要承担起主要责任。工作方面的制度建设，基层其他治理主体要按照各自职责负起责任，但党组织不能袖手旁观。尤其是处于领导地位的基层党组织，无论是从"把方向、管大局"角度看，还是从"保落实"角度看，都应该承担责任——依靠相关治理主体一起抓。我长期在国有企业工作，深深体会到企业的制度建设必须由主要领导倾注极大精力推进，才可能真正得到加强。可是做到这一点的人不多，所以时至今日，真正达到现代企业制度所要求的"管理科学"的很少。这是国有企业党委必须突破的瓶颈。

三是在落实加强监督的责任方面，要在关口前移上下功夫，建立预警机制。可以按照"同源管理、管理闭环"的原则，实行反腐倡廉倾向性问题报告制度。要求各管理部门在履行职能过程中，及时获取管理各个环节发生的与党风廉政建设和反腐倡廉要求及本单位有关规章制度相违背的异常信息，及时报告相关人员的失范、失察或失职行为，及时处理资产不规范运作可能导致的资产流失问题。有关职能部门提出措施并实施整改，跟踪检查并反馈工作情况。纪委和监察部门负责对整个过程实施监督。在执行倾向性问题报告制度过程中，相关部门或人员未能及时发现问题或发现后隐瞒，对发现的问题未能深入了解、分析并积极处理的，要按有关规定追究责任，目的是把违纪违法问题尽可能解决在萌芽状态。

四是在落实案件查处和强化监督执纪问责责任方面，要旗帜鲜明地坚决支持纪委和监察部门开展工作，务必做到有案必查。不论什么人，职务多高，只要触犯了党纪国法，都要依法依纪严肃查处，决不姑息，不允许腐败分子有藏身之地。要借鉴安全生产管理经验，做到"三不放过"，即案发原因不查清、责任不查明不放过，责任未追究、整改措施不落实不放过，当事人及其他人员未受到教育不放过。实行"一案两报告"制度，即"完成结案报告的同时完成并落实整改措施报告"。长期以来纪律松弛成为党的一大隐患，党的十八大以来，严明党的纪律取得明显成效，十九大报告把纪律建设列为党的六大建设之一，为基层党组织强化监督执纪问责创造了良好的大环境。

2020年12月24日，我以外部董事召集人的身份，参加国务院国资委召开的中央企业负责人会议。中央纪委、国家监委驻国资委纪检监察组向与会人员下发了《严重违纪违法人员忏悔录》，作为警示教育。材料收录了近年来查处的22个案例（其中19个是2019和2020年被查处的案例），印证了党的十九大关于反腐败斗争形势"依然严峻复杂"的判断。联系到当前高校领导干部严重违纪违法案件多发的事实，深感基层党组织在落实党风廉政建设和反腐败斗争主体责任方面，仍有缺失，但愿上述四点心得对有关基层党组织的同志们有所启发。

使服务成为基层党组织建设的鲜明主题

党的十八大报告提出："以服务群众、做群众工作为主要任务，加强基层服务型党组织建设。"①2014 年 1 月 25 日，中央办公厅印发了《关于加强基层服务型党组织建设的意见》(以下简称《意见》)。中组部负责人就此答记者问时指出："加强基层服务型党组织建设"，"是对基层党组织功能定位的深化，是基层党组织建设工作思路创新和方式方法转型的必由之路，具有十分重要的意义。"怎么理解"功能定位的深化""工作思路创新和方式方法转型的必由之路"？联系习近平总书记"人心是最大的政治""民心是最大的政治"的重要论断，就好理解了。

《意见》提出："建设基层服务型党组织，要坚持服务改革、服务发展、服务民生、服务群众、服务党员。"②这"五个服务"是什么关系？我认为，服务群众是根本，是党的宗旨，是基层党组织的基本功能定位。民生

---

① 《中国共产党第十八次全国代表大会文件汇编》，人民出版社 2012 年版，第 50 页。

② 参阅本书编写组编著：《基层服务型党组织建设工作手册》，党建读物出版社 2019 年版，第 226 页。

是群众利益的体现，服务民生是服务群众的基本要求。服务改革、服务发展的前提和目的，都是服务群众。服务群众的工作做好了，改革和发展就有了最重要的保证；服务改革、服务发展到位了，才能满足群众日益增长的物质和文化需要，更好地服务群众。基层党组织要依靠广大党员做好服务群众的工作，为此，就要做好服务党员的工作，使党员的先锋模范作用得以充分发挥。

一、服务群众的"八个人"工作机制

习近平总书记在党的十九大报告中指出："全党必须牢记，为什么人的问题，是检验一个政党、一个政权性质的试金石。带领人民创造美好生活，是我们党始终不渝的奋斗目标。必须始终把人民利益摆在至高无上的地位，让改革发展成果更多更公平惠及全体人民，朝着实现全体人民共同富裕不断迈进。"我在长期的实践中认识到，加强基层服务型党组织建设，应当建立以"八个人"为主要内容的为群众服务的工作机制。基本思路为：以尊重人为出发点，以了解人为切入点，建立健全关心人、提高人、规范人、激励人和依靠人的工作制度，达到凝聚人、促进基层中心工作任务的出色完成，并且实现人与基层单位所承担的事业共同发展的目的。

1. 以尊重人为出发点，从了解人切入

建立为群众服务的工作机制，要以尊重人为基本出发点。尊重人，是

对每个人人格的尊重，以平等态度对待每个人；是对每个人人权的尊重，对他们的经济、政治、文化、社会等各项权利的尊重；是对每个人自由的尊重，对个性的尊重。尊重人，必须理解、信任人，讲诚信，以诚待人；必须做到自我尊重，自尊的人才能得到别人尊重。毛泽东曾经这样要求各级领导干部："以真正平等的态度对待干部和群众。必须使人感到人们互相间的关系确实是平等的，使人感到你的心是交给他的。"①半个多世纪前，刘少奇在接见出席全国群英会的劳动模范时，对北京市清洁工人时传祥说："你掏大粪是人民勤务员，我当国家主席也是人民勤务员，只是分工不同。"②这不仅是谦虚，而且道出了一条真理：在社会主义国家，人与人之间在人格上是平等的。

尊重人，涉及对个体和群体关系的认识。鲁迅在提出"立人"思想时，认为："若其道术，乃必尊个性而张精神。""个性张，沙聚之邦，由是转为人国。"在他看来，立人的办法，一定要尊重个性，发扬人的主观能动性。只有尊重和张扬个性，被称为"一盘散沙"的中国才能凝聚起来，进而转变为以人为本的国家。提出"尊个性"具有强烈针对性，正如哲学家、教育家梁漱溟指出："中国文化最大之偏失，就在个人永不被发现这一点上。"③"人"不是抽象的概念，而是一个个具体的活生生的人，包括"每个人"。但很长一段时期内，中国社会存在着把个体的人与群体对立起来的误导。在民主被践踏的"一个人说了算"的体制下，绝大多数人的个

---

①　《毛泽东文集》第七卷，人民出版社1999年版，第354—355页。
②　参阅金冲及主编：《刘少奇传》下册，中央文献出版社1998年版，第83页。
③　梁漱溟著：《中国文化的命运》，中信出版社2010年版，第71页。

性受压抑甚至被扼杀。表面的统一意志下，深埋着人心的疏离。纠正这种文化偏颇，我们既要发扬集体主义精神，加强纪律性，又须尊重每个人的独立人格。中国要建成创新型国家，"尊个性"具有特殊重要的意义——鼓励和保护创新。

人的职务有高低、分工有不同，但人格是平等的。基层党组织要教育引导各级干部切实解决好对待群众的态度问题，处理好同群众的关系。尊重人，要渗透于、贯穿于了解人、关心人、提高人、规范人、激励人、依靠人和凝聚人。只有尊重人，才能做到后面的"七个人"。尊重人适用于所有人际关系，但在现实社会中，主要是强调干部对群众尊重、上级对下级尊重、富人对穷人尊重和强者对弱者尊重。尊重人，要着眼于引导群众追求幸福生活、满足群众日益增长的幸福生活需要。幸福生活靠发展得来，基层党组织要紧紧围绕中心工作来开展自己的各项工作。教育广大群众既要有对美好生活的向往，更要为美好生活而奋斗。正如毛泽东指出："社会主义制度的建立给我们开辟了一条到达理想境界的道路，而理想境界的实现还要靠我们的辛勤劳动。"[①] 我国仍处于并将长期处于社会主义初级阶段，满足和引导群众需要不能脱离实际。但正因为如此更要尊重人，我们固然不能超越阶段，然而更不能落后于时代。在促进人的发展方面，我们应当并完全可能做得比中国历史上任何一个时期都好，在某些方面做得比其他国家更好。

建立为群众服务的工作机制，了解人是前提和基础，群众工作必须从

---

① 《毛泽东文集》第七卷，人民出版社 1999 年版，第 226 页。

了解人切入。不了解人，何谈为群众服务？而要了解人，就必须与群众保持密切联系，这是党的三大作风之一。毛泽东指出："群众生产，群众利益，群众经验，群众情绪，这些都是领导干部们应时刻注意的。"[①]这里提出了"应时刻注意"了解四个方面的情况，前两点是物质方面的，后两点是精神方面的。他又指出："我们所有的党组织，从上到下都必须遵守我们的一项至关重要的原则，这就是不脱离群众，同群众的需要和愿望息息相通。"[②]"群众需要"和"群众愿望"，前者是现实的，后者是前瞻的。正是靠着与群众息息相通的密切关系，我党才取得了革命战争和社会主义现代化建设事业的伟大胜利。

值得深思的是，党执政后，尽管反复强调要保持和发扬密切联系群众的优良作风，但脱离群众很快就变成一个突出问题，而且很难解决，1979年邓小平指出："一些脱离群众的制度，包括那些特殊待遇在内，文化大革命前有的已经有了，但远没有现在这样厉害。当时大家都能自我约束，对群众比较关心，现在不同了。"他举例说："过去领导同志到一个单位去，首先到厨房去看看，还要看看厕所，看看洗澡的地方。现在这样做的人还有，但是不多了。很多同志根本不去同群众接触，一个学校的负责人，不去跟学生谈话，甚至于跟教员都不大接触。"[③]党的十八大后，"全党深入开展以为民务实清廉为主要内容的党的群众路线教育实践活动"[④]，活动中和活动后，很多基层党组织在研究：怎么建立健全密切联系群众的长

① 中共中央文献研究室编：《毛泽东著作专题摘编（上）》，中央文献出版社 2003 年版，第 273 页。

② 《毛泽东文集》第三卷，人民出版社 1996 年版，第 188 页。

③ 《邓小平文选》第二卷，人民出版社 1994 年版，第 228 页。

④ 《中国共产党第十八次全国代表大会文件汇编》，人民出版社 2012 年版，第 47 页。

效机制？答案是明确的，两条：一是有针对性地加强教育，二是通过深化改革完善相关制度并落到实处。

基层党组织在工作中，要把了解人放在首要位置，作为第一职责，建立健全了解人的工作制度。制度的实施以充分沟通和有效沟通为目标。充分沟通是指主动、及时、准确、全面和动态地了解群众不断增长的幸福生活需求，包括共性需求和个性需求；有效沟通是指对群众的需求，进行快速传递、正确分析和妥善处理，实行闭环管理。用更通俗的话来说，就是要让群众"话有地方说，说了话管用"。当今社会，人们的思想观念和生活习惯发生了和正在发生着深刻变化。了解人的工作方法须与之相适应。信息网络在了解人中的作用越来越大，值得高度重视，传统的个别谈心和集体座谈仍然必不可少，要把面对面沟通与网上沟通结合起来。我在宝钢工作时，依靠党群工作部门，探索建立了员工需求和关注点信息管理制度。员工需求信息包括物质需求和精神文化需求信息；员工关注点信息是指一定阶段内员工普遍议论、共同关心的热点问题信息。信息管理制度实行党委领导、党政工团密切配合、各司其职的责任体系。信息管理制度的基础是信息收集，在集团公司党委层面，密切联系群众运用"三位一体"方法，即传统的面对面联系群众，专业化的定期（如每年一次）开展问卷调查（可以通过工会），信息化的打造面向全体员工的网络平台（可以通过团委）。信息管理制度关键是信息处理，把了解人的工作成果转化为关心人、提高人、规范人、激励人、依靠人和凝聚人的具体行动。

多年来，我常常想，我党为什么能形成并保持密切联系群众的优良传统？除了靠马克思主义哲学历史唯物主义指引外，主要靠实践。在革命战争年代，脱离了群众，党组织及其党员就无法生存。党执政后，人们会产生一种错觉：脱离群众并不影响生存，工作反而轻松，日子反而好过。关于"脱离群众是最大的危险"的告诫，人们在一般情况下没有明显感受——问题在没有积累到相当严重的程度时很可能被遮蔽、被掩盖。然而，一旦突破了临界点，就很难收拾了。苏共垮台、苏联解体，就是再深刻不过的教训。那么，有没有办法解决这个问题呢？我想，最重要的，还是要发挥考核的作用，让各级干部产生一种直接的危机感。一名干部要真正做出业绩，就必须依靠群众的力量，为此就必须密切联系群众。怎么形成这样的考核制度，是长期来没有解决好的一道难题，但并非真的无法突破。

2.关心人、提高人、规范人、激励人、依靠人

在服务群众的"八个人"工作机制中，从了解人切入后，就要通过建立健全相关工作制度，做好关心人、提高人、规范人、激励人和依靠人的工作。

关心人，应当根据群众需求，立足现有条件、并积极创造条件，满腔热忱、千方百计地从物质和文化两方面进行全方位关心。从广义上讲，尊重人、了解人也是关心人，提高人、规范人、激励人、依靠人和凝聚人都是关心人。但过于宽泛的界定没有实际意义，因此可以侧重从关心群众基本需求的角度来把握关心人。在这个意义上，可以把关心人解释为帮助群众排忧解难，依法保护群众的基本权益，满足群众的基本物质生活需求、健康需求和安全需求。这个意义上的关心人，主要体现为对群众生存权的尊重和保护。改革开放以来，广大群众的生存状况有了显著改善，但仍有

一些突出问题亟待解决，还有大量工作要做。关心人，首先要有爱心——关爱群众之心。要为群众诚心诚意办实事，尽心竭力解难事，坚持不懈做好事。应当着眼于大多数群众，解决他们迫切要求解决的共性问题。对困难群众要做好"雪中送炭"工作，使他们的基本生活得到保障。

解决共性问题的关心人，可定期（如每年一次）滚动制定和实施各个层面的为群众办实事计划。可整合和开拓帮困工作资源，发挥工会、共青团和妇联作用，完善各个层面的帮困制度，特别是日常生活帮困制度、就业和再就业促进制度、大病救治制度和子女升学扶持制度。同时，关心人应当针对不同类型群众的特点，深入细致地开展工作，努力解决好每个人的个性问题。个性问题包括可预测和难预测两类。可预测问题是指每个人在人生道路上一般都会遇到的问题，如日常生活中的具体困难，伤病就医问题，恋爱、婚姻、生育和子女培养教育问题等等。难预测问题是指一个人在人生道路上或许会遇到的问题，如心理负担过重问题，同事不和、家庭矛盾、邻里纠纷问题，突发意外事件等等。解决个性问题，要把组织救助、群众互助和当事人自强自救有机结合起来。要讲究细节，细节体现真情，体现针对性，体现高水平，细节把握得好才能取得良好效果。关心人，有的需要较大投入，有的却并非如此，只要做有心人，用基层单位完全可以承受的成本，就可以为群众办好事、实事。譬如，企事业单位和党政机关，现在要像20年前那样分配住房已不可能，但改善休息室条件、厕所环境和提高工作餐标准，对大多数基层单位来说还是可能做到的。只要你有一颗关爱群众之心，有时甚至只须支付很小的成本，就可以在关心人方面有所作为。

提高人，是高层次的关心人，是尊重人的发展权的体现。基层党组织建立健全提高人的制度，要着眼于每个人的发展，着眼于人的思想道德素质、身心素质、科学文化素质和能力素质的全面提高，而以提高思想道德素质为根本。要与基层单位中心工作紧密结合，引导人们在实现组织发展目标的过程中实现个人发展目标。提高人，将为基层的事业发展提供最重要的保证。基层党组织要从本单位事业发展的需求出发，滚动制定人力资源开发规划并分解到年度计划。确保人力资源开发所必须的人力、财力和物力投入。根据群众的不同需求，合理配置教学资源，综合运用课堂、现场和网络等多种形式，强化教育培训。网络培训为群众的能力素质提高提供了开放式的知识共享平台，应当大力发展，但现场培训更有利于互动，仍应作为培训的主要方式。随着知识经济时代的到来，个人素质的提高越来越离不开团队的作用，要在广大群众中倡导团队精神，大力推进创建学习型组织和经济技术创新活动。

规范人，是处理好个人与他人、个体与集体、个体与社会关系的必然要求，是提高人的重要内容。规范人，是通过引导和管理，使群众认识履行义务和行使权利的一致性，在享有权利的同时，按照法律、纪律和道德来约束自己，遵守基本的行为准则，承担必须的社会责任。规范人的基本思路是推进依法治理，实行严格管理。建立健全规范人的工作制度，要在加强责任意识和法治、纪律等规则意识教育的基础上，改革不合理的管理制度。要注重管理体系的系统性和有效性，既要重视先进理念的培育，又要重视制度的完善和行为规范的具体化，还要注重程序的建立、流程的优化、运作方式的改进，引导广大群众养成良好的行为习惯。规范人，绝非用简单粗暴的态度对待群众，更不是把群众管死。规范人的目标，是不断提升群众的文明程度，使他们自觉遵纪守法，而又充分发挥主观能动性，形成一种自由与纪律相统一、民主与集中相结合，群众心情舒畅地为社会发展、也是为实现自己的人生价值而努力奋斗的局面。

激励人，是调动人的主动性、积极性和创造性，开发人的潜能的关键。无论是认为"人之初，性本善"，还是认为"人之初，性本恶"，有一点相同，那就是：人都需要激励，甚至可以说没有激励就没有人的发展，也就没有基层单位事业的发展。激励人以物质利益为基础，要坚持和完善按劳分配为主体、多种分配方式并存的分配制度，正确处理各方利益关系。要让做出突出贡献的人得到与其贡献相符的利益，从而形成正确导向；同时，要让大多数人的利益随着经济发展、依据本人贡献逐步增长，使大多数人都得到激励，让困难群众的基本利益得到保障。同时要高度重视精神激励。建立健全激励人的工作制度，重要的基础性环节，是遵循公开、公平、公正的原则，为群众提供平等的竞争机会、成才机会和发展机会。优化用人环境，知人善任，为群众提供施展才华的舞台，从制度上解决宽容失败、鼓励创新的问题。要深入开展劳动竞赛、完善评选和表彰先进制度，使优秀分子得到相应的政治地位和社会地位。严肃处罚违纪违规行为，通过案例剖析等方式批评不文明、不道德、不诚信的言行，扶正祛邪。

依靠人，是尊重人的政治权利。建立健全依靠人的工作制度的目标，首先是落实宪法和法律赋予公民的民主权利，同时鼓励群众依法自治，尽可能做到群众的事情由群众自己依法去办，直接行使民主权利，做到自我教育，自我管理，自我服务，自我发展。要着力扩大基层民主。民主的前提和基础是所有涉及公众的事务办事公开，办事公开是普遍要求，需要保密的事项是特例。要充分发挥工会、共青团、妇联、科协等群团组织的作用，支持和鼓励群团组织去行政化。在企业要完善以职工代表大会为主要形式的职工民主管理制度，畅通民意表达渠道，集思广益，促进企业发展。在基层民主制度建设过程中，要培育和引导群众增强民主意识，提高民主管理水平。①

3. 凝聚人：习近平称"凝聚力工程"为"社区党建最早、最长的典型"

以尊重人为出发点，了解人为切入点，建立健全关心人、提高人、规范人、激励人和依靠人的工作制度，目的是凝聚人。凝聚人是尊重人、了解人、关心人、提高人、规范人和激励人的结果。人心聚散决定我们事业的前途命运。从基层党组织建设的角度看，人心聚散衡量党群关系。党的优良传统和精神遗产，最宝贵、最不可须臾离弃的是密切联系群众，最可怕、最危险的是脱离群众。受群众拥护则党兴党强，脱离群众则党衰党亡。中国共产党执政后，党群关系一次次面临严峻考验。1990年3月党的十三届六中全会通过的《中共中央关于加强党同人民群众联系的决定》，是一个针对性很强的文件。文件对党同人民群众的关系作了判断，认为"总的说是好的"，但存在着各种脱离群众的弊病，"有的发展到相当严重的地步"②。我对这样的判断有切身感受，1990年3月至1995年4月，我以国有企业为重点，通过调查研究，对基层的党群关系作了具体分析，写了多篇文章在报刊上发表。我当时的感觉是：在大多数基层单位，党群关

---

① 参阅刘国胜著：《国有企业党委（党组）领导作用论》，人民出版社2018年版，第280—295页。
② 中共中央文献研究室编：《十三大以来重要文献选编（中）》，人民出版社1991年版，第929页。

系基本上是好的，但是也应该看到，党在群众中的威信下降了。我以"增强基层党组织凝聚力"为题，比较系统地谈了基层党组织如何围绕密切党群关系来开展各项工作。此文引起了一定反响，在1993年上海市党建论文比赛中获一等奖。

正在此时，我奉命到中共上海市委组织部工作，担任分管党建工作的副部长。当年末，市委常委、组织部长罗世谦要求我提出1994年基层党建工作设想。我建议：以进一步贯彻党的群众路线为重点来推进基层党建，考虑到效果，可用一个鲜明易记的代称——"凝聚力工程"。我的想法是：千变万变，党的宗旨不变；基层党组织工作千头万绪，说到底是做凝聚人的工作。凝聚力加强了，还有什么事做不好呢？但恰恰在这个关键点上，不少基层党组织欠重视。作为主管全市党的组织建设的部门，市委组织部应该有所作为。经市委领导批准，1994年起，选了20个基层党组织开展"凝聚力工程"建设试点，试点时间定在一年左右。由于长宁区华阳路街道党工委典型经验的出现，使得试点进程大大加快。市委组织部会同长宁区委，到华阳路街道进行了为期一个月左右的蹲点调查，我们看到了一个把工作聚焦到为居民群众服务，"串百家门、知百家情、解百家难、暖百家心"，全方位加强党群关系、干群关系，取得显著效果的基层党组织。

陈建兴出任华阳路街道党工委书记不久，带领街道干部走访特困老人，发现一对老夫妻十几年没钱买菜，只能从菜场拣菜皮吃；一位老人常年瘫痪在床，背上长满褥疮，肉和床板黏在一起；一位一辈子没拍过一张照的老太病危时提出"给我拍一张照"的请求，当街道干部赶去时，她已离世。一番走访，震撼了街道党工委同志们的心！"四百"由此产生。"串百家门"为"知百家情"，"知百家情"为"解百家难"，"解百家难"就能"暖百家心"。陈建兴背着孤老进养老院，趟着齐腰的水帮雨天住房进水的居民家排积水……更重要的是，他们由此建立了多层次的了解民情的网络，规范了为民服务的具体内容，形成了信息反馈和处理机制，使关心群众的工作做到制度化、经常化。广大居民群众发自内心热爱党、拥护党，坚定了跟着党搞改革、搞建设的信念。华阳路街道党工委的经验告诉我们：思想政治工作必须从关心群众入手，理想信念教育必须用践行理想信念的具体行动来体现。人民群众并不在乎你说什么，而在乎你做什么。

1994年4月，市委组织部在全市推广华阳路街道党工委建设"凝聚力工程"的经验。之后，也通过蹲点调查，总结推广了正广和汽水厂党委、华东政法学院国际法系党总支和松江县新桥镇春申村党支部建设"凝聚力工程"的经验。1994年底和1995年初，上海市委六届三次全会和上海市加强党的建设工作会议，对广泛深入地开展"凝聚力工程"建设作了部署。1995年和1996年，中央组织部两次发文在全国推广"凝聚力工程"经验。1996年召开的全国先进基层党组织和优秀党务工作者表彰大会上，陈建兴在会上作经验介绍；胡锦涛在讲话中指出："凝聚力工程"把我们党服务人民、团结群众、凝聚人心的工作落实到基层，具体化到每个党组织和党员的日常工作中去，这是一个好办法，应当大力提倡。

一般情况下，若干年后，随着基层党组织建设其他主题活动一个接一个开展，"凝聚力工程"也就销声匿迹了。出乎我意料的是，在上海中山公园内，建了一个"'凝聚力工程'博物馆"，时有基层党组织组织党员前去参观，还有不少人自发地入馆参观。进入展馆序厅，首先映入眼帘的有一张具有非同寻常意义的照片：2007年，时任上海市委书记习近平视察长宁区华阳路街道社区党员服务中心，充分肯定"凝聚力工程"是"社区党建最早、最长的典型。"该馆通过大量鲜活的案例，反映了上海一批先进基层党组织"不忘初心、牢记使命"的生动实践。[1]这个博物馆给我们什么启示呢？"凝聚力工程"的价值，在于基层党组织建设对政治本原的坚守——工作聚焦于做凝聚人心、民心的工作；在于基层党组织对理想信念宗旨本原的坚守——一切为了群众，它使理想信念宗旨成为群众能直接感受到的东西，用现在的话来说，它使群众有获得感。中央党校资深教授叶笃初在与我作专题对话时指出："'凝聚力工程'是马克思主义世界观、人生观的行动化、具体化。在新的历史条件下，我们不但需要找到与之相适应的一种教育形式，而且需要找到与之相适应的实现形式或行动方式。我们开始找到了，这就是'凝聚力工程'。从这个角度讲，我们怎么能不为'凝聚力工程'实施的成果而雀跃欢呼呢？"[2]在"凝聚力工程博物馆"观展中，通过感受历史与现实、理论与实践的碰撞，我们依然会产生这样的共鸣。

2018年5月，在"凝聚力工程"建设开展二十五年之际，时任长宁区委组织部副部长白燕请我作专题演讲。我说："'凝聚力工程'给我们的启示集中到一点，它告诉我们：落实党章规定的基层党组织基本任务，说到底，基层党组织应该成为群众的主心骨。""'群众'是具体的、包括每个人在内。基层党组织正确、有效的工作方法是：一切从时刻关注、密切联系自身工作范围内的每一个人做起，满腔热忱地帮助他们解决自身难以解决、解决不了问题。要让群众感受到：党在我身边，在我心中。"

上述"八个人"服务群众的工作机制，是我2003年到宝钢工作后，

① 此处参阅了长宁区华阳路街道党工委书记白燕提供的材料。
② 参阅刘国胜文：《"凝聚力工程" 在1994和1995》，见中共上海市委党史研究室、上海市现代上海研究中心编著：《改革创新（1992—2002）（上）》，上海教育出版社2015年版，第25—41页。

对国有企业"凝聚力工程"建设的思考和实践总结。

二、营造人人都可成才和发挥才能的环境

怎么认识"服务群众、做群众工作"？有人往往想当然地以为，就是做一些婆婆妈妈的帮助群众排忧解难的工作。二十多年前，当我们开展"凝聚力工程"建设时，一些好心人就不太理解，有的朋友出于对我关心，带着疑惑问我："你怎么不去抓国有企业领导体制改革那样的大事，而去抓街道里弄干部管的这些琐事呢？"殊不知，大事正是由这些小事组成的。但如果把"服务群众、做群众工作"，只是理解为狭义的关心群众生活，也不完整，其内涵要广得多，深得多。当年总结推广的"凝聚力工程"典型经验，后来宝钢提炼的服务群众"八个人"工作机制，都已远远超越狭义的关心群众生活的范畴，体现的是为人的发展服务的理念和制度性安排。人的发展，目标是成才。

人才是一个国家、一个民族核心竞争力的关键所在，人力资源是第一资源，资源重在开发，使越来越多的人成才。党管干部，也管人才，同干部队伍建设一样，人才队伍建设最重要，却又最难。破解难题的唯一出路，在于深化人事制度改革。对此，李泽厚发表过一个相当深刻的见解："人才难得，千古同调，其实不然。只要有好的制度，何愁不出人才。"① 好

---

① 李泽厚著：《论语今读》，生活·读书·新知三联书店 2004 年版，第 347 页。

的制度何来？首先来自正确认识。

1. 辩证认识人才问题

邓小平在改革开放初指出："现行的组织制度和为数不少的干部的思想方法，不利于选拔和使用四个现代化所急需的人才。希望各级党委和组织部门在这个问题上来个大转变，坚决解放思想，克服重重障碍，打破老框框，勇于改革不合时宜的组织制度、人事制度，大力培养、发现和破格使用优秀人才，坚决同一切压制和摧残人才的现象作斗争。"[①] 他从组织制度和思想方法两个角度谈人才问题，改革的态度非常坚决。加强人才队伍建设，首先要准确、全面地把握"人才"，也就是形成辩证的人才观。我在长期的实践中认识到，基层党组织在人才工作中，需要注意以下几点：

一是建设两支人才队伍，即管理人才（包括党群工作人才）队伍和专业技术人才（包括操作技能人才）队伍。管理人才要向专业化方向发展，提高专业化水平。要克服"官本位"倾向，提高专业技术人才地位，形成不同人才按其特长有所侧重地向管理和专业技术两个方向发展的"双通道"（之所以提"有所侧重"，是因为人才发展一方面有"双通道"问题，另一方面又有"复合型"问题，不能走极端），避免人才过度向管理岗位集中。在专业技术人才队伍建设中，要克服片面性，加强技能人才队伍建设。我国技能人才队伍建设是薄弱环节，缺少"工匠"，须下更大决心来

---

① 《邓小平文选》第二卷，人民出版社 1994 年版，第 326 页。

加强技能人才、特别是高技能人才队伍建设。

二是注重核心人才队伍建设和形成人才梯队。核心人才是指领导干部，是指社会治理、公司治理、经营管理、专业技术等领域的高级和拔尖人才、领军人物，是人才队伍中关键的少数——关键的关键，是稀缺资源，成为人才争夺战中的主要争夺对象。因此，必须把核心人才队伍建设作为人才队伍建设的重中之重，全力造就（包括自己培养和引进）并全力保护精英人才。同时要认识到，事业发展不仅需要核心人才，而且需要各个层次的人才。人才队伍结构不合理，会带来负面影响。有些单位在人才引进中片面追求高学历、高层次，造成某一方面高学历、高层次人才比例过高、甚至大量积压，带来人才浪费或人才队伍不稳定，是一种弄巧成拙。

三是处理好培养专门人才和复合型人才的关系。现代化的特点之一是专业化，随着社会分工越来越细，越来越要求人们向专业化方向发展。正如鲁迅100多年前所指出："社会之事繁，分业之要起，人自不得不有所专，相互为援，于以两进。"1930年3月，他在左翼作家联盟成立大会上的讲话中，针对一些作者涉及面过宽的问题，指出："一个人做事不专，这样弄一点，那样弄一点，既要翻译，又要做小说，还要做批评，并且也要做诗，这怎么弄得好呢？"弗雷德蒙德·马利克指出："任何人想要取得某些成绩，都必须把自己限定在自己能做并具有优势的领域。即使这样，要取得成功也很难。"① 当今社会普遍存在的问题，是相当一部分人才的专

---

① ［奥］弗雷德蒙德·马利克著，李亚等译：《管理成就生活》，机械工业出版社2009年版，第78页。

业化水平还相对较低，亟须培养和提高。但同时又存在大多数人才的知识和能力结构过于单一问题，需要一定程度上的复合，造就复合型人才。所谓复合型，是"一专"基础上的复合，就是"一专多能"。

四是尊重人才个性与加强人才团队建设相结合。事业发展需要人才具有活力而又能形成合力。尊重人才个性，才能激发人才的积极性、主动性，增强他们的创造活力。基层党组织要勇于同封建思想残余作斗争，营造"尊个性"的氛围。同时要看到，人类社会已经进入由信息网络技术支撑的知识经济时代，任何人才个体的知识和能力局限性越来越突出，知识共享和能力互补已成为不可逆转的历史潮流。人才相互之间必须发扬合作精神，注重协同效应。基层党组织要帮助有些人才克服文人相轻的过时观念，处理好己群关系。

五是鼓励人人成才。基层党组织要按照习近平总书记在党的十九大报告中提出的要求做好人才工作，"努力形成人人渴望成才、人人努力成才、人人皆可成才、人人尽展其才的良好局面，让各类人才的创造活力竞相迸发、聪明才智充分涌流。"人才工作不是面向少数人的工作，"四个人人"十分重要。每个人都蕴藏着巨大的发展潜力，潜力能不能被发掘出来，发掘到什么程度，很大程度上取决于一个社会、一个单位给他（她）提供一种什么样的文化氛围和制度环境。基层党组织要教育各级干部，有一双发现每个人闪光点的眼睛，有一种甘为人梯的胸怀，尽可能为每个人成才创造条件，鼓励他们把自己造就成有用之才。

六是培养具有国际视野的人才。现代化与国际化相连，深化改革与扩大开放不可分割。改革开放 40 多年来，中国人的视野不断拓宽，但大多数人对国际社会的了解还停留在表层，真正具有国际视野的人还不多，真正意义上的国际化人才相当紧缺。基层党组织要引导和帮助人们，看发达国家不仅要看表面的富裕和繁华，更要看内在的现代文明素质；不仅要学习借鉴他们先进的科学技术，而且要吸收消化他们的先进人文思想。他山之石，可以攻玉，目的是促进自己加快实现"人的现代化"。

七是着力培养优秀年轻人才。这事关人才队伍的可持续发展，其重要性不用多说。关键在于采取切实有效的措施，为青年早提供、多提供成长机会。一个大学毕业生（或硕士研究生、博士研究生）踏上社会后，基层党组织要依靠共青团组织，帮助他们制定职业生涯发展规划，务必实现两三年内"有点眉目"的目标（目标不在大小），使他们迈好职业生涯第一步；否则，会对他们的长期发展带来严重的消极影响。与此相关，要正确处理学历、资历和品质、能力的关系。一般地说，学历、资历和品质、能力有正向关系，但不是绝对的。要看学历、看资历，但更要看品质，看对待自己、对待他人和对待工作的态度；还要看能力，尤其是潜力，看思维方式和思维水平。

总之，基层党组织要掌握选人用人的辩证法。选人用人不仅是科学，而且是艺术，必须全面地分析和处理问题，避免走极端。要正确处理目标和起点的关系，目标实现是一个渐进过程，不可能一蹴而就，不能把目标当起点。比如，从市场选聘职业经理人，是深化干部人事制度改革的重大举措，理当坚定不移推进，但不应操之过急。从市场选聘职业经理人的前提条件，是素质比较高、数量比较充足的职业经理人市场的形成，这需要几十年时间。而且，企业从内部选聘经理人和从市场选聘经理人的比例怎么把握，也要因企业而异。对于大型企业，人才济济，大部分职业经理人可以从内部选聘，从市场选聘本企业紧缺的人才就可以了。

另外，还要注意概念的相对性。以"赛场赛马"和"伯乐相马"为例。在干部人事制度改革中，"赛场赛马"是一个新概念，强调建立竞争机制，无疑是正确的、重要的。然而，因此完全否定中国传统文化中的"伯乐相马"，就有失偏颇了。"伯乐相马"在于肯定那些有"知人之智"的有识之士，并没有错，只是有其局限性。选人用人不仅要靠"伯乐"，更要靠制度。但再好的制度也是靠人去实行的，不应否定"伯乐"的作用。细心推敲一下就会明白，"赛场赛马"其实也离不开"伯乐相马"。两者应该结合起来，以"赛场赛马"为主，辅之以"伯乐相马"，以保证选人用人公正。

2. 在凝聚人才上下功夫

人才队伍建设，要以"育得出、引得进、留得住、用得好"为目标。"育得出"是基础，一个基层单位，不仅要出色完成工作任务，而且要在完成工作任务的过程中，培养得出优秀人才。"引得进"是为了充分利用社会人才资源，一个基层单位，没有可能也没有必要自己培养所有人才。特别是通用人才和有些高端人才，应当尽可能从社会招聘。"留得住"是基本要求，无论是自己培养的人才，还是引进的人才，留得住才有意义。"用得好"则是关键，育得出、引得进、留得住都不是目的，目的是用得好。用得好与育得出、引得进、留得住密切相关，只有用得好才能育得出、引得进、留得住。为了实现上述目标，基层党组织必须在凝聚人才上下功夫。

一要用事业发展凝聚人才。这最重要。被称为"人才"的大多数都比常人有更强烈的事业追求，无不看重事业，事业发展与凝聚人才相辅相成、相得益彰。事业发展首先是指人才所在单位的发展，同时也是指人才个人有所成就，实现企业价值和个人价值的有机统一。用事业发展凝聚人才要知人善任，有针对性地为不同人才提供施展才华的舞台。

二要用制度创新凝聚人才。这最关键。经济学家吴敬琏指出："发展中国高新技术产业，制度重于技术。"他认为，推动技术发展的主要力量并不是技术自身的演进，而是有利于创新的制度安排，要"摒弃中国传统文化中某些不利于人潜能发挥的评价标准和落后习俗，努力营造宽松、自由、兼收并蓄、鼓励个性发展的文化氛围，从而焕发人们的聪明才智，为高技术产业的发展做出创造性的贡献"[①]。要与本单位发展战略相匹配，按照"现状评估、目标设定、采取行动、评价结果"四个步骤，制定和实施人才规划，并构成一个周而复始的循环。实行公平竞争，为优秀人才脱颖而出提供尽可能平等的机会。

三要用真情服务凝聚人才。人才工作在很大程度上是知识分子工作，要根据知识分子的特点做好服务人才的工作，注重工作的针对性、个性化和工作细节。首先要关心他们的生活。有的知识分子专业上和生活上都是能手，但这种人并不多；多数人专业上很强，生活能力却比较弱。如果夫妻两人都是这种类型的高级知识分子，即使请了保姆或钟点工，生活方面也未必能安排周全。基层党组织要有意识地主动关心他们，解除他们的后顾之忧。知识分子的精神世界相对丰富，思想相对复杂，心理比较敏感。

[①] 参阅吴敬琏著：《发展中国高新技术产业：制度重于技术》，中国发展出版社 2002 年版，第 4、7、12 页。

中国科协曾在宝钢科技人员中作过一次问卷调查，发现有的情绪波动，有的心情压抑，亟须基层党组织做好心理疏导和人文关怀。要整合党建工作、管理工作、群团工作资源，建立健全服务人才的工作制度。

四要用加强培养凝聚人才。培养人才，提高人才素质，是基层单位和每个人共同的愿望。基层党组织要把教育培训作为一项重大战略来推进。在鼓励人才自主学习的同时，按照"优秀人才优先培养、重要人才重点培养、紧缺人才抓紧培养"的观念，分层次、分类别、有针对性地加强人才培训，形成比较完善的培训体系。要给优秀年轻人才早压担子、早挑重担。要有序地进行人才交流和人才轮岗锻炼。

五要用科学管理凝聚人才。应当做到用好内部人才和外部人才相结合，用好国内人才和海外人才相结合。核心人才应当尽可能做到"为我所有，为我所用"。有些人才则"不求所有，但求所用"。必须引进的紧缺人才，条件具备时可一步到位，条件不成熟时可分步到位，从"所用"到"所有"。积极运用人才使用的柔性机制，用好社会的一流人才。高度重视发挥老专家的作用，对确有真才实学的老专家，退休年龄可以放宽，退休后仍可聘用。在深化改革中，要避免人才流失。有意识、有目的地加大引进海外人才的工作力度。

六要用合适待遇凝聚人才。要建立健全科学的人才绩效评估体系。注意正确评估科研工作绩效，鼓励创新、宽容失败。建立健全科学的人才职位评估体系，以能力和绩效作为评估的主要标准。在建立健全上述两个评估体系的基础上，建立健全分配体系。把按绩效分配、按职位分配和按生产要素、技术要素分配结合起来，切实解决好人才的物质待遇问题。按照市场导向原则，参照人才的市场价位来确定人才的物质待遇，包括基本薪酬、奖金、期权、补贴和福利等。一流企业一流人才的待遇要适当高于市场价位，实行有市场竞争优势的薪酬分配制度。还要高度重视落实人才的政治待遇和精神激励。

怎么坚持"党管人才"原则，在人才队伍建设中充分发挥领导作用，是处于领导地位的基层党组织要解决的重大问题。我以为，党管人才，主要不是管人才的具体使用，人才具体该如何使用，主要应听取主管业务的干部和专家的意见，实现管人与管事相统一。党管人才，主要是主导人才制度的改革，尤其是健全人才激励制度，创造人才培养和使用的良好的文化环境和制度环境。

3. 建立共创共享的知识管理平台

伴随新技术革命深入而兴起、借助信息网络平台建设开展的知识管理，是提高人的素质的重大创新举措。以企业为例。长期以来，企业管理面临的一个重大问题是公司知识（这里所说的知识包括书本知识和实践经验，主要是指实践经验）的积累和传播：怎么使少数人的知识变为公司知识，公司知识能够为公司员工所共享？许多企业同类人身安全事故或产品质量事故重复发生，而先进操作方法和业务处理方法却得不到复制和推广，都与这个问题没有解决好直接相关。解决这个问题，既需要增强管理意识，更需要跟进技术手段。现代信息技术的迅猛发展，为解决这个问题创造了前所未有的便利条件。

我认为，公司知识大致可以分成三类：一类是不具有公司特殊性的社会通用知识，大量的是事务性工作管理知识，最常用的如人力资源管理事务和财务管理事务。这类知识通过数字化转型，多数人多少年积累的经验，经过优化，集中到机器身上，由机器代人处理这些事务，极大地提高效率，最大限度地减少误差，并且把人从这些枯燥无趣的事务性工作中解放出来，可能去从事一些带有创造性的劳动。第二类是具有公司特殊性的、具有一定程度复杂性的比较成熟的知识，机器尚无法取代。第三类是尚不成熟的正在创造的知识，机器更不具备这方面的功能。

第二、三类知识，可以借助信息网络平台建设，进行知识管理；前者可以建立数据库，后者可以建立专家库。数据库，是员工创新成果的历史积累，是把公司多少人多少年创造的、被实践反复证明有价值的相对成熟的经验性知识，通过数字化转型入库，成为可供检索的知识，包括知识介绍，更重要的是包括本企业的正反典型案例。员工可以经过公司授权随时进入，进行查询，从而使自己现在岗位的工作，得到公司前辈长期历史积累的知识支撑。专家库，是正在创造的知识的创造主体中的核心人才，能够作为专家库专家的，应该是本企业在某领域走在前列的高水平专家。员工可以经过公司授权随时进入，向专家请教——这种请教，既可以是线上的，也可以是线下的。从而使自己的创造性工作得到公司最高水平的专家指导，或者就某领域的工作和专家共同创造。数据库和专家库的发展方向是：公司的每位员工在工作中遇到的每个问题，都可以在数据库或专家库中找到答案（除非是正在开展的新业务）。这样，原本是员工的个体知识就成为公司知识，原本是少数人的知识就变为多数人的知识，每位员工都得到公司知识的支撑，实现知识共享。同时，每位员工也可以、而且应该把自己创造的知识，贡献给知识库或专家库，做到知识共创，用共创来支撑共享。这对企业软实力的提升、对员工自身的发展，价值难以估量！

让"基础"和"主体"充满生机和活力

习近平总书记在党的十九大报告中指出:"中国特色社会主义进入新时代,我们党一定要有新作为新气象。打铁必须自身硬。"加强党的基层组织建设,必须坚持从严治党,切实加强党组织自身建设。自身建设有两个紧密相连的方面,一是党支部建设,基层党组织是党的全部工作和战斗力的基础,党支部是基础的基础。二是党员队伍建设,党员是党组织的细胞和主体,离开党支部,党员就失去了基本依托,就没有了"家";党支部的基本工作是党员队伍建设和党的群众工作,而群众工作又是依靠党员去展开的,离开了党员队伍建设,就没有真正意义上的党支部建设可谈。

党的十八大以来,以习近平同志为核心的党中央前所未有地高度重视党支部建设和党员队伍建设。当下,摆在基层党组织面前的任务是,在"规范化"的基础上,克服形式主义、官僚主义的干扰,在工作的"有效性"上下功夫,提高党支部建设和党员队伍建设质量,使党支部这个"基础"和党员这个"主体",充满生机和活力。生机和活力从何而来?来自发扬党的优良传统——理论联系实际、密切联系群众。这方面，顶层设计的原则要求非常明确，落到实处却并非易事，需要基层党组织在政治上始终保持清醒，作风上始终坚持务实，方法上充分运用智慧。

一、党走向成熟时期两任组织部长留下的珍贵遗产

我党有高度重视党支部建设的优良传统，除了本书第一讲中引用的毛泽东和邓小平的重要论述外，党中央的重要文献和党的其他领导人（主要是周恩来和陈云两任组织部部长，尤其是陈云）也有不少关于党支部建设的规定和重要论述。这些规定和论述大都产生于20世纪20年代末至30年代，正是我党走向成熟时期，是对马克思主义党建理论中国化在党支部建设方面的积极探索，是党在领导革命战争过程中对党支部建设经验教训的深刻总结。这些规定和论述对党成熟时期和执政以后的党支部建设产生了重大影响。今天我们继承这笔珍贵的政治遗产，首先要求党委切实加强对党支部的领导，同时，党支部本身也应直接从中汲取智慧和力量。

1. "支部要在实质上真正能起核心的堡垒的作用"

1927年6月召开的中共中央政治局会议，对党章进行第三次修改，专门设立了第七章"党的支部"，指出："支部是党的基本组织"，"是党与群众直接发生关系的组织"。1928年7月召开的党的六大通过的党章，第

四章为"支部"①。同时，中共中央在《组织问题决议案提纲》中指出："没有支部生活便没有党内生活的基础"，"支部是党的基础，群众组织的核心"。"支部本身要有严密的组织，要有日常生活，要能经常开会，要讨论党内一切政治问题，要分配每一个同志工作，要有系统地训练同志，要交换同志间的工作经验，要有计划地领导群众一切斗争和宣传组织群众，要能建立起群众中的中心工作"②。令人注目的是"党内生活的基础"和"党的基础"的提法，表明继毛泽东在 1927 年提出"支部建在连上"后，对党支部在党的领导和党的建设中的定位，不仅在中央最高层已形成共识，而且已通过党的决议成为党的建设的工作指南。同样令人注目的是强调党支部的群众工作，要求党支部成为"群众组织的核心"，"有计划地领导群众一切斗争和宣传组织群众"。

1928 年 11 月，时任中央政治局常委、中央组织部部长的周恩来，在为中共中央起草的《告全体同志书》中，专门写了《支部生活的改进》一节③，他指出："政治的宣传鼓动，群众的组织，只有支部才能深入；日常的斗争，只有支部才能灵敏地领导。如果仅仅高级党部订几个空架子的计划，发布几种宣传的文书，而支部不起作用，党和群众终究没有接近的时候。所谓支部生活，并不是仅仅开会听政治报告、交纳党费就算完事，最要紧的是讨论当地的政治问题、工作问题。"值得注意的首先

---

① 中共中央党校党章研究课题组编著：《中国共产党党程编介（从一大到十六大）》，党建读物出版社 2004 年版，第 162—163、170—171 页。
② 《马克思主义经典文献关于民主集中制、基层党组织建设、培养选拔干部的论述》，中共中央党校出版社 1994 年版，第 83、87 页。
③ 《周恩来选集》上卷，人民出版社 1980 年版，第 13 页。

是"两个只有""两个才能"，党的工作只有通过支部才能深入，才能实现"灵敏地领导"——灵敏的对立面是僵化；离开了支部工作，党的工作计划就成了"空架子"，党和群众就不可能建立密切联系。还值得注意的是，支部生活"最要紧的"是联系当地实际，讨论工作如何开展，而不仅是听政治报告、交纳党费。怎么才能按照上述要求改进支部工作？周恩来强调指出："无论是一工厂、一学校、一军营、一农村、一街道，范围虽小，都有它的不同的政治环境与工作方法。要能把党的政策正确地运用，首先要了解实际情形。这是每个支部的任务，每个同志的任务。必须充分执行这些任务，然后支部才能成为群众的核心，党员才能成为群众的领导者。"也就是说，支部工作要从"了解实际情形"做起，要依靠每个党员一起做。

1939年4月或5月，时任中央书记处书记、中央组织部部长的陈云，写了题为《共产党的基本组织原则》的讲话提纲，提出了"五个基本原则"，其中之一是关于党支部："党的下级的工厂支部是党的基础，党的堡垒。"在对原则作具体阐述时，他指出："党是先进队伍与群众联系之体现——具体说是支部及其作用。""共产党必须领导群众，那末，支部就是先锋队与群众联系的体现。联系党与群众，了解群众情绪，使口号、策略之具体实现。"[①]反复强调支部主要是做群众工作。6月，陈云写了《党的支部》一文[②]，系统地论述了党支部建设，在谈到支部重要性时他指出："支部是党的最下层的组织，也是党的最基本的组织。党的一切口号、主

① 《陈云文集》第一卷，中央文献出版社2005年版，第180、190页。
② 《陈云文选》第一卷，人民出版社1995年版，第145—155页。

张、政策，依靠支部才能具体深入到群众中去"，所以支部"是党的力量增长的主要源泉"。因为是最下层、最基本的组织，所以支部成为"党的力量增长的主要源泉"。在谈到支部的基本任务时他指出："支部不但要在组织形式上具有核心的堡垒的姿式，而且要在实质上真正能起核心的堡垒的作用。为着实现这个目的，支部必须建立起它自己的基本工作，分配和责成每个党员去执行。"支部不能只是一种组织形式和一种"姿式"，而要起到实质性的核心作用。为此，他提出支部的三方面基本任务，即"支部是党团结群众的核心组织"，"是征收党员的机关"，"是教育党员的学校"。这是就所有党支部而言。至于"根据地内的党支部"，即"我们党领导的政权下的地方党支部"，"要领导党、政、军、民、学各项工作"。陈云重点阐述了支部的群众工作，提出了以下要点。第一，群众工作是支部最重要的工作，"支部在周围群众中间工作的好坏是测量支部工作好坏的尺度"。第二，群众工作对于支部建设的意义："支部周围群众工作的开展，可以使党员更加积极，支部生活更加健全。"提出"两个更加"，群众工作对于党员，可以使党员更加积极；对于党支部建设，可以使支部生活更加健全。这是不多见的很值得重视的观点。第三，对开展群众工作的要求："支部及其每个党员应该密切地与周围的群众联系着，了解群众的情绪，倾听群众的呼声，依据群众当时的觉悟程度，有计划地在群众中解释党的政策和口号，散布党的报纸，宣传共产主义，使群众走到党的方面来。"做好群众工作，首先要密切联系群众，目的是在了解群众情绪、倾听群众呼声的基础上，从群众的实际出发做好宣传工作。第四，注意群众工作方法："支部在组织群众的工作上，应该依据当地的具体环境和群众的需要，去选择适当的群众组织的形式。""支部的责任是要引导群众一步步走向共产党的周围，所以应该在各种斗争中提高他们的政治觉悟，使他们相信我们党的一切口号、主张就是他们的切身的要求，并且为这些口号、主张而努力奋斗。"第三点已经谈到方法，第四点专门谈方法，进一步强调从实际出发，循序渐进，结合斗争实践做工作；尤其重要的是，要告诉群众党的主张就是他们的切身要求，号召他们为自己的利益而努力奋斗。

　　1939 年 9 月至 12 月，陈云接连写了三篇关于党的群众工作的文章，分别是《巩固党和加强群众工作》《开展群众工作是目前地方工作的中心》和《陕甘宁边区的群众工作》①，重点仍是谈党支部如何开展群众工作。梳理一下，主要内容包括四方面：第一，党支部的重要性在于直接做工作。他指出："我们的工作要深入下层，就要深入到乡和行政村中去。""直接做工作的还是乡支部。只要基层组织积极、认真、切实地按照中央的指示去做，什么事情都可以行得通；如果基层的组织和干部不积极工作，那就什么事情也办不成。"我们现在说党支部的"直接职责"，陈云那时就提出来了。第二，党支部真正成为群众核心，党才是一个巩固的党。他指出："当我们在巩固党的基层组织——支部的时候，除了去整理支部内部以外，同时应该加强支部在群众中的工作。推动党员到群众工作中去锻炼，加强党与群众之间的联系，都可以帮助党的组织的巩固。群众工作的好坏，是测量党组织的巩固程度的标准之一。""历来的经验证明，没有一个脱离群众的党组织是巩固的。""只有党与群众密切地联系着，只

---

① 《陈云文选》第一卷，人民出版社 1995 年版，第 156—176 页。

有党的支部真正成为群众核心的时候，那个党才是一个巩固的党，那个支部才是党在群众中的堡垒。"第三，群众工作的重点是帮助群众解决实际问题。他指出："支部要经常注意解决群众迫切需要解决的问题。支部的责任，不仅应该接受上级所给的任务，按照当地环境适当地完成，而且要经常了解群众的情绪，群众的呼声。帮助群众解决困难。群众的日常问题愈解决得好，支部及党员在群众中愈受拥护，则一切动员工作也就愈能顺利完成。"他批评道："现在大多数支部是不讨论群众的切身利益问题的。""他们是只向群众要东西，至于群众要些什么东西，就不管了，就不讨论了。"第四，依靠群众找到解决群众切身利益问题的办法。他指出："关于解决群众切身问题的办法，这不应该也不可能有固定的方案，必须看当时当地的情况。但是，有一点是确定不移，到处适用的，这就是：解决群众切身问题的办法，必须在群众中去讨论，到群众中去寻找。因为只有群众才真正了解他们自己的问题，只有在群众中才能讨论出在当时当地解决问题最适当的办法。我们的地方党部，我们的区委和党支部，只有收集了群众的意见，才能作出很好的决定，否则是不可能的。"

1945 年 6 月召开的党的七大通过的党章，第六章为"党的基础组织"，开宗明义指出："党的基础组织，是党的支部"，在规定党支部的任务时，首先作为总要求，明确指出："支部必须使人民群众与党密切结合起来。"1956 年 9 月召开的党的八大，是党执政后召开的第一次全国代表大会。随着党员队伍的迅速扩大，党的基层组织发生了重大变化，很多基层组织设立了党委，所以八大通过的党章第六章为"党的基层组织"，包括党支部。在规定基层党组织的"一般任务"时，提出了总要求："党的基层组织必须把工人、农民、知识分子和其他爱国人民同党和党的领导机关密切联系起来"①。之后召开的党的历次代表大会通过的党章，都沿用了设"党的基层组织"一章的模式，不同的是，不再把密切联系群众作为总要求，而作为要求之一。党的十九大通过的党章，在第五章"党的基层组织"中，增写了一条（第三十四条），专门对党支部的职责作了规定，这是党执政后第一次。党的十八大以来习近平关于党支部建设的论述，是对党的老一辈领导人关于党支部建设论述的继承和发展，让我们沿着前辈开辟的道路继续向前，把党支部建设提高到一个新水平。

2. 为党支部减压和选优配强党支部书记

重温党的历史文献中关于党支部建设的规定，特别是周恩来和陈云关于党支部建设的论述，令人感慨万千。20 世纪 20 年代末和 30 年代末，正在走向成熟的中国共产党的两任组织部部长，对党支部建设规律的认识，已经达到相当完整而深刻的程度，其基本思想至今仍有很强的针对性，让我们深切感受到真理的持久魅力，增强了加强党支部建设的时代责任感。

加强党支部建设首先是党委的责任，党委怎么加强对党支部的领导？陈云的《党的支部》第三部分专门谈了这个问题。他首先强调了加强对党支部领导的重要性："当一个支部的组织生活和群众工作还不健全的时候，

---

① 中共中央党校党章研究课题组编著：《中国共产党章程编介（从一大到十六大）》，党建读物出版社 2004 年版，第 191、211—212 页。

地方党部（区委或县委）对支部进行正确的领导和具体的帮助，有决定的意义。正确的适当的领导可以使不健全的支部健全起来；没有这种领导，即使好的支部工作也会退步，党员积极性不能提高反而下降。"何谓"正确的适当的领导"？他提出两点，一是"了解支部的情况，给以适当的领导"。在他看来，"不了解支部党内外的具体情况，就不能作出正确而适当的领导"；"在指导支部执行上级党部的一切决议和指示时，必须依据支部当前的情况"，"不是千篇一律的应用"。二是"培养支部的干部"，"要经常注意挑选和培养支部书记和支部委员（或干事），在政治上工作上教育他们，帮助他们掌握开展工作的方法，提高他们的责任心。要尽可能举办支部干部的临时训练班，或者经常地进行个别谈话"。① 以上两点，至今仍适用于党委对党支部的领导。

关于"了解支部的情况，给以适当的领导"。现在，仍存在着"不适当的领导"。一段时期以来，形式主义、官僚主义的干扰，给党支部带来很大压力。中央纪委在案例剖析中谈到，有的领导干部调查研究搞形式、走过场，给基层干部带来了三大难题：永远做不完的接待宣传册，永远写不完的汇报材料，永远说不完的现场解说词。有的地方、单位还打造"经典调研路线"，上级抵达"被安排"的调研点，听到的是"反复斟酌"的汇报，见到的是经"严格挑选"的群众，结果"现场"成了"秀场"。2019 年 3 月，中央办公厅印发《关于解决形式主义突出问题为基层减负的通知》，"从以党的政治建设为统领加强思想教育、整治文山会海、改变

---

① 《陈云文选》第一卷，人民出版社 1995 年版，第 154—155 页。

督促检查考核过多过频过度留痕现象、完善问责制度和激励关怀机制等方面，提出务实管用的举措"，并决定将 2019 年作为"基层减负年"。2020 年 4 月，中央办公厅再印发《关于持续解决困扰基层的形式主义问题为决胜全面建设小康社会提供坚强作风保障的通知》。①

形式主义、官僚主义的突出表现之一，是党委及其工作部门过多地向党支部下达工作指令。从表象看，这些指令似乎大部分是正确的。但这些指令在实施中，许多（有的甚至是大部分）是要求党支部写材料、填表格，花去了党支部书记和干事的大量工作精力，这种"不适当的领导"，影响了他们用足够的时间去联系群众、做好关心群众的工作，影响了他们围绕中心工作去解决相关的实际问题。党委及其工作部门，不应该时不时地要求党支部写材料、填表格。其实大家知道，那些材料、表格，大都没有领导会看，只是党委有关工作人员为了向上报材料、表格（上报后其实也没有几个领导会看），让党支部写和填。极而言之，即使材料、表格有用，搞到严重影响党支部做实际工作的地步，也是不可取的。党委应该把工作重心放到为党支部服务上来，指导党支部密切联系群众、围绕中心工作调动人的积极性、主动性和创造性，帮助党支部解决工作中遇到的难题。

关于"培养支部的干部"。党支部建设，定位再准确，意义再清楚，任务再明确，思路再对头，离开了高素质的党支部书记，工作也做不好。同样的工作，由不同能力和人格魅力的党支部书记去做，效果截然不同。

---

① 参阅本书编写组编写：《整治形式主义官僚主义教育读本》，中国方正出版社 2020 年版，第 193—194、211、215 页。

加强党支部建设，关键是加强党支部书记队伍建设。党委要把选好配强党支部书记，作为党支部建设的头等大事来抓。一要制定党支部书记任职的基本标准，通过严格的党内民主推荐、选举程序，把符合条件的优秀党员配置到党支部书记岗位上来。保持党支部书记队伍的相对稳定，选举产生的党支部书记在任期内原则上不要调动。加强党支部书记后备队伍建设，有计划地把优秀青年党员骨干放到党支部书记岗位上来培养，优化党支部书记队伍年龄结构，确保后继有人。二要着力加强党支部书记培训。主要有两种方式，一种是任职资格培训，使党支部书记了解党支部建设的基本要求和工作规范。做到上岗前经过培训合格，党支部书记持证上岗。为使培训取得实效，要编写密切联系本单位实际的培训教材，包括大量案例。一种是党支部书记研修，为他们创造一个交流工作、研究问题的平台。三是加强对党支部书记的激励与管理。加强对党支部以及党支部书记工作的评价考核，不仅要评价考核各项工作是否正常开展，更要评价考核工作实效。按照党务工作者与行政干部一视同仁原则，规定党支部书记的薪酬待遇标准。重视党支部书记的职业生涯发展，支持把党支部书记培养成复合型人才。

二、党支部的"基础组织"地位和"直接职责"

党章第三十二条指出："党的基层组织是党的全部工作和战斗力的基础"，第三十四条指出："党支部是党的基础组织"，前者涵盖后者，后者凸显党支部是基础的基础。党章第三十四条指出：党支部"担负直接教育党员、管理党员、监督党员和组织群众、宣传群众、凝聚群众、服务群众的职责"。这在党章第三十二条规定的党的基层组织八项基本任务中，有具体规定，不同的是明确了党支部的"直接职责"。"基础组织"和"直接职责"，是我们认识党支部建设的两个关键词。

1. 在"全覆盖""规范化"基础上做到"有实效"

党的十八大之前的较长时期内，党的建设存在着"上面热、中间温、下面冷"的状况。"下面冷"突出反映在党支部，存在三大问题：一是组织覆盖不全，按照党章规定应该建立党组织的基层单位，有的没有建立；二是有的党支部组织活动不正常，少数党员、包括党员干部长期不参加组织生活；三是有的党支部组织生活枯燥乏味，质量不高。三大问题是党支部缺少生机和活力的表现。党的十八大以来，尤其是党的十九大以来，党中央统一部署，习近平总书记亲自抓，从上到下从严着力加强党支部建设，情况发生了和正在发生着重大变化。

党支部建设首先应该做到组织全覆盖——哪里有党员，哪里就有党组织；哪里有党组织，就要把那里的党员组织起来。党章第三十条规定："企业、农村、机关、学校、科研院所、街道社区、社会组织、人民解放军连队和其他基层单位，凡是有正式党员三人以上的，都应当成立党的基层组织。"做到组织全覆盖，一般情况下并不难。做不到，只是因为有的党务工作者缺乏基本责任心，是党不管党导致组织涣散的突出表现。从严治党动真格，再出现这种情况就会被严肃追究党组织负责人的责任，组织全覆盖问题很快就迎刃而解。有点麻烦的是，在少数民营企业和外商投资企业，还没有做到全覆盖。这主要是沟通方面出了问题。一旦改善与合作方的沟通，讲清楚党建工作围绕生产经营中心开展，重在发挥党员在完成中心工作任务中的带头、带动作用，合作方一般就理解了。当党组织用较好地在生产经营中发挥了积极作用的事实来证明自身价值时，合作方往往还会在活动时间和活动经费等方面支持党组织开展活动。当然，也总会有极少数合作方固执地反对在本企业设立党组织。这时，党组织要拿起法律武器，理直气壮地引导和教育他们依法办事，让他们知道阻止设立党组织是违反《中华人民共和国公司法》的行为。这样，问题一般都能解决。近几年来，组织全覆盖取得重大进展，应建尽建目标正在加快实现。

在组织全覆盖基础上，要做到党支部组织生活正常化。党章第九条规定："党员如果没有正当理由，连续六个月不参加党的组织生活，或不交纳党费，或不做党所分配的工作，就被认为是自行脱党。支部大会应当决定把这样的党员除名，并报上级党组织批准。"党支部如果没有正常的组织生活，就谈不上战斗力。遗憾的是，在较长一段时期内，部分党支部组织生活不正常，有些党员长期不参加组织生活，党员干部以普通党员身份参加组织生活的制度在不少党支部没有落实。和组织全覆盖一样，做到党组织活动的正常化原本并非难事，只要真想做到就可以做到。正常化靠制度建设体现的规范化作保证。2018年10月，中共中央颁发了《党支部工作条例》，这是我党历史上第一部关于党支部工作的基础主干法规，是新时代党支部建设的基本遵循①，为党支部建设做到规范化提供了依据。大多

---

① 参阅本书编写组编著：《学习〈中国共产党支部工作条例（试行）〉》，党建读物出版社2019年版，第25页。

数党支部认真落实"三会一课"(党支部委员会会议、党员大会、党小组会和党课)等党内活动的基本制度。随着基层党组织建设制度的制定和修订，随着制度的严格执行，党支部组织生活不正常的局面得到扭转，党支部建设规范化问题基本上得到解决。

在"全覆盖"和"规范化"基础上，更重要的是做到党支部组织生活有实效。做不到"有实效"，"全覆盖"和"规范化"在很大程度上就失去了意义。全覆盖是前提，正常化是保证，有实效是关键，也是目的，然而真正难做到的是有实效。党支部建设如何在组织"全覆盖"、活动"规范化"的基础上，更好地做到工作"有实效"，是放在我们面前的重大课题。怎么才能做到"有实效"？在我看来，最基本的一条是联系实际——中心工作实际和工作对象实际(联系工作对象实际就是联系群众)，党支部工作有没有效，取决于工作实不实。

提高党的组织生活质量，关系到党的细胞的生机和活力，是做到党支部工作"有实效"必须解决的一个大问题。党章第八条规定："每个党员，不论职务高低，都必须编入党的一个支部、小组或其他特定组织，参加党的组织生活，接受党内外群众的监督。党员领导干部还必须参加党委、党组的民主生活会。不允许有任何不参加党的组织生活、不接受党内外群众监督的特殊党员。"我在长期的社会观察和工作实践中体会到，和解决"全覆盖""正常化"问题不一样，解决党组织生活"有实效"问题确实不容易。经过多年的积累与思考，2003年，我在宝钢纪念建党82周年座谈会上，正式提出了开展党组织生活设计的想法。我想，要做到党组织生活见实效，仅从原则上提出要求不能解决问题，必须在细致分析现状的基础上，有针对性地提出具体措施——借鉴工程设计方法，对党组织生活进行设计。

　　设计的基本思路是，按照党章规定的基层党组织的基本任务，原则确定党组织生活必须安排的内容——可称之为"规定动作"；"规定动作"只是基于基层单位党员实际的具有可操作性的原则规定，具体怎么安排，由党支部或党小组结合自身实际再细化。另有若干次党组织生活内容，由党支部自行确定，可称之为"自选动作"。一般情况下，每个月过一次党组织生活，全年12次；其中七次为"规定动作"，五次为"自选动作"，形成党组织生活"7+5模式"。无论是"规定动作"还是"自选动作"，首先安排学习上级党组织规定的学习内容，然后进入联系本单位实际的学习。

　　七个"规定动作"联系本单位实际的组织生活安排：一是企业和本单位的形势任务通报和对党员提要求。以开党员大会或上党课的方式进行，一般可由经营管理负责人作形势任务通报，由党支部书记对党员提要求。二是党员对企业和本单位的工作提意见和建议，并讨论党员在完成工作任务过程中应如何发挥带头和带动作用，每个党员提出"登高计划"（按：本讲第三节第二小节介绍"党员登高计划"活动）的主要内容。一般以党小组讨论方式进行。三是民主评议党员后的专题组织生活会，结合检查"登高计划"落实情况。一般以党小组讨论方式进行。四是党员学习或读书心得交流。以党员大会、上党课、党小组讨论等多种方式进行。五是党员做群众工作交流活动。一般以党员大会或上党课方式进行。六是党团联合组织生活。由党支部与团支部或党小组与团小组联合开展。七是党员履行家庭责任或社会责任主题交流活动。交流内容可以包括家庭和谐、子女教育、身心健康、保护环境、节约资源、社区服务等。以党员大会、党小组会讨论或团队共建等方式进行。以上七个"规定动作"，都是从每个党支部的党员实际情况出发展开的，既具有很强的可操作性，又给每个党支部留有很大的创意空间。从宝钢的实践看，党组织生活设计活动，受到广大党员的普遍欢迎，为提高党组织生活质量提供了制度保证。[①]

2. 党支部要成为党员、群众的主心骨

《党支部工作条例》第三条提出了党支部工作必须遵循的原则，其中之一是："坚持践行党的宗旨和群众路线，组织引领党员、群众听党话、跟党走，成为党员、群众的主心骨。"所谓主心骨，是指当一个人遇到困难或者困惑，自己解决不了时，值得信任、可以依靠的，帮助自己解难释惑的力量，主心骨可以是组织、也可以是个人。由所担负的"直接职责"决定，党支部要成为每个党员、群众的主心骨。离开了这一点，党的全心全意为人民服务的宗旨和密切联系群众的作风就无法落实到位，本单位中心工作任务的完成也就失去了最重要的保证。1934年1月27日，毛泽东在江西瑞金召开的第二次全国工农兵代表大会上的讲话作结论时，专门谈了"关心群众生活，注意工作方法"问题，他说："我郑重地向大会提出，我们应该深刻地注意群众生活的问题，从土地、劳动问题，到柴米油盐问题。妇女群众要学习犁耙，找什么人去教她们呢？小孩子要求读书，小学办起了没有呢？对面的木桥太小会跌倒行人，要不要修理一下呢？许多人生疮害病，想个什么办法呢？一切这些群众生活上的问题，都应该把它提

---

① 参阅刘国胜主编：《宝钢党支部建设》，上海人民出版社2014年版，第85—86页。

到自己的议事日程上。应该讨论，应该决定，应该实行，应该检查。要使广大群众认识我们是代表他们的利益的，是和他们呼吸相通的。要使他们从这些事情出发，了解我们提出来的更高的任务，革命战争的任务，拥护革命，把革命推到全国去，接受我们的政治号召，为革命的胜利斗争到底。"①请注意一开始"郑重地提出"的说法，关心群众生活、帮助群众解决生活难题，既是共产党闹革命的目的，也是保障革命胜利最有效的方法。

中国现代史早已证明，毛泽东八十多年前的论述之正确。共产党为什么成功，国民党为什么失败？答案就在这里。谁代表人民群众利益，人民群众就拥护谁。这一颠扑不破的马克思主义的真理，永远不过时。对此，当代史正在续写证明，未来史还将继续印证。是否代表人民群众的利益，并不在于你怎么说，而在于你怎么做。如果口号喊得震天响，对群众实际生活中的许多困难或困惑却不闻不问，群众为什么要拥护你，怎么会拥护你呢？而真要如同毛泽东说的那样，"从土地、劳动问题，到柴米油盐问题"，"一切这些群众生活上的问题"，都"应该深刻地注意"——"应该讨论，应该解决，应该实行，应该检查"，离开了党支部满怀对群众的深情、认真细致地开展群众工作，怎么可能做到？只有党支部可能做到，这就是党支部无可替代的宝贵价值。党支部要主动关心每个党员，依靠党员主动关心身边每个人，了解他们的需求，帮助他们解决自己解决不了的问题，包括物质方面的困难和精神方面的困惑，从而真正成为每个党员、群

---

① 《毛泽东选集》第一卷，人民出版社 1991 年版，第 138 页。

众的主心骨。

强调"每个人"是马克思主义的真精神。北京大学哲学教授聂锦芳对马克思关于"人的解放"思想作了深入研究，这里扼要介绍他的研究成果。马克思指出："任何解放都是使人的世界即各种关系回归于人自身。"政治解放具有两方面的后果，一方面把人归结为市民社会的成员，归结为利己的、独立的个体，另一方面又把人归结为公民，归结为法人。而只有当"现实的个人"把抽象的公民复归于自身，并且作为个人，在自己的经验生活、自己的个体劳动、自己的个体关系中间，成为类存在物的时候，只有当人认识到自身"固有的力量"是社会力量，并把这种力量组织起来，因而不再把社会力量以政治力量的形式同自身分离的时候，只有到了那个时候，"人的解放"才能完成。需要指出的是，尽管马克思后来的思想发生过变化，但这一观点始终坚持不变，他不遗余力地予以强调、深化和推进，诸如：《德意志意识形态》对"现实的个人"与"共同体"关系的思考；写作《哲学的贫困》前他"得出一个结论：人们的社会历史始终只是他们的个体发展的历史"；而《共产党宣言》中的名言已为我们所熟知：未来的理想社会"将是这样一个联合体，在那里，每个人的自由发展是一切人的自由发展的条件"；在《资本论》中，马克思又反复"设想有一个自由人联合体"。①

党支部成为每个党员、群众的主心骨，要让他们感受到：党就在我身边，就在我心中；有事（自己办不到或者难以办到的事）就找党支部。为

---

① 参阅聂锦芳著：《"理解马克思并不容易！"》，陕西人民出版社 2019 年版，第 205—206 页。

了成为主心骨，党支部务必把密切联系每个党员、群众作为第一要务。离开了这一点，党支部的大部分工作就只能成为无用功。几年前，我问一个中央企业最基层单位的党支部书记："你们党支部的工作和员工是什么关系？"他稍作思考后回答我："好像没有什么关系。"去年，我问一个熟悉的非党群众："你能感觉到这两年你们单位党建工作加强后的变化吗？"他说："党员工作时间开会多了，非党员的工作任务加重了。"我想，党支部如果长期脱离群众，大多数群众认为党支部的存在和自己没有关系，甚至由于党员利用工作时间开会而加重了群众的工作负担，便在很大程度上丢掉了"支部建在连上"的初心，就失去了党支部存在的意义。密切联系每个党员、群众，要从党支部书记做起，依靠每个支部委员、每个党员一起做。在网络时代，要把面对面联系与网对网联系结合起来，建立简便易行的群众需求和关注点信息库，包括静态的信息（每个党员、群众的基本情况）和动态的信息（每个党员、群众新发生的情况）。关键要实行信息处理的闭环管理，把做人的工作的责任落到实处。本书第七讲对这方面的工作，已经作了展开阐述。

三、"主体地位"和党员的带头、带动作用

党的十七大报告中首次提出"尊重党员主体地位"，"党内民主是增强党的创新活力、巩固党的团结统一的重要保证。要以扩大党内民主带动人民民主，以增进党内和谐促进社会和谐。尊重党员主体地位，保障党员

民主权利，推进党务公开，营造党内民主讨论环境"。①党的十八大修改党章，"尊重党员主体地位"首次写进党章，党章总纲规定："必须充分发扬党内民主，尊重党员主体地位，保障党员民主权利，发挥各级党组织和广大党员的积极性创造性。必须实行正确的集中，保证全党的团结统一和行动一致，保证党的决定得到迅速有效的贯彻执行。"②党的十九大修改党章，在"必须实行正确的集中"之后，增加了一段："牢固树立政治意识、大局意识、核心意识、看齐意识，坚定维护以习近平同志为核心的党中央权威和集中统一领导"。

党章第三条、第四条对党员发挥先锋模范作用，从义务和权利两个方面，分别作出了八项规定，可以归纳为发挥"双带作用"，即党员自己带头、并带动群众的作用——"贯彻执行党的基本路线和各项方针、政策，带头参加改革开放和社会主义现代化建设，带动群众为经济发展和社会进步艰苦奋斗，在生产、工作、学习和社会生活中起先锋模范作用。"党的基层组织建设，必须始终抓住党员队伍建设这个根本。尊重党员的主体地位，发挥党员的"双带"作用，有很大潜力。

1. 要求党员履行义务和保障党员权利相结合

明确提出党员在党内的主体地位的思想，对于党的自身建设具有重

---

① 中共中央文献研究室编：《十七大以来重要文献选编（上）》，中央文献出版社 2009 年版，第 39 页。

② 《中国共产党第十八次全国代表大会文件汇编》，人民出版社 2012 年版，第 72 页。

大的理论意义和实践意义——必须站在"主体地位"的高度审视党员队伍建设。长期以来，我们强调党的基层组织是党的全部工作和战斗力的基础；随着认识的深化，同时强调党员是党组织的主体。党的自身建设的各项工作，不仅要落实到党的基层组织，而且要落实到党员。从强调"组织"——"基层党组织"，到同时强调"人"——"党员"，这是"以人为本"的理念在党的自身建设中的体现。"党组织"不是一个抽象概念，由全体党员组成，所以党员处于主体地位。怎么做到尊重党员主体地位？那就要在党员队伍建设中做到，要求党员履行义务和保障党员权利相结合。

加强党员队伍建设，是为保持党员队伍的先进性。怎么才能保持先进性？必须通过党员教育、管理、监督和服务的有效性，使广大党员做到履行义务的充分全面性、履行义务与行使权利的统一性，从而实现保持党员先进性的工作目标。这就是"三性保一性"（更准确地说，是一性保二性、二性再保一性）的思路。党员履行义务的充分全面性，首先是指党员履行义务要体现时代特征。一个党及其党员能不能始终保持与时俱进的状态，是能不能始终保持旺盛生命力的决定性因素。我党每次修改党章，都在党员必须履行的义务中，增加时代发展对党员提出的新要求。党员履行义务的充分全面性，又是指党员履行义务不仅要以身作则、起模范带头作用，而且要做群众工作，起带动带领作用。如果党员不把做群众工作作为自己的重要义务，在很大程度上就失去了作为党员的价值。党员履行义务与行使权利的统一性，是指党员的先进性不仅体现在履行义务，而且体现在行使权利。权利和义务相辅相成，权利的行使得不到保障，义务的履行也就难以达到充分。党内民主是党的生命，党员是党的权利主体。我党坚持民主集中制原则，正确的集中以发扬民主为基础。中共中央 2004 年颁布了

《中国共产党党员权利保障条例》，2020 年 12 月作了修订。基层党组织要引导广大党员正确认识和处理义务与权利、责任与担当、行使权利与遵守纪律的辩证统一关系。发扬民主、行使权利有利于发挥党员的积极性、主动性和创造性，行使权利必须以履行义务、担当责任、遵守纪律为前提。

广大党员能不能做到履行义务的充分全面性、履行义务与行使权利的统一性，与党员自身努力有很大关系，但起决定作用的是党组织的工作——有实效的党员教育和管理。加强党员教育和管理，前提是加强为党员服务的工作。党的十七大通过的党章，把"对党员进行教育、管理和监督"修改为"对党员进行教育、管理、监督和服务"。① 增加为党员服务，符合党员教育和管理的规律，有利于进一步激发党员的内在动力。值得研究的是，怎么理解为党员服务，为党员服务什么。我的理解是，为党员服务，是为党员履行义务和行使权利提供基本条件。为党员服务，包括为党员提供他们履行义务和行使权利所必须了解的信息，帮助他们克服生活和工作中的困难，向他们提出发挥先锋模范作用的具体要求，为他们提供必要的培训等等。为党员服务，并不是让党员享有特殊权益。党章第二条规定："中国共产党党员永远是劳动人民的普通一员。除了法律和政策规定范围内的个人利益和工作职权以外，所有共产党员都不得谋求任何私利和特权。"

基层党组织加强党员教育和管理，要借鉴保持共产党员先进性教育活动的经验，联系基层单位实际，抓住教育、评议、整改三个基本环节，促

---

① 《中国共产党第十八次全国代表大会文件汇编》，人民出版社 2012 年版，第 86 页。

进党员素质的不断提高。深入开展"党员责任区"活动，动员党员在力所能及的范围内做好群众工作。陈云在《党的支部》一文中指出："支部中每个党员积极地、经常地进行群众工作，是支部周围的群众工作开展的基本条件。"他注意到新党员的情况，指出："新党员占绝大多数的支部，要特别注意分配新党员去进行群众工作；支部委员会及上级党部必须经常地帮助他们，因为他们往往缺乏工作的经验。"[1]加强党员教育和管理的同时，必须加强党员监督。党员监督的重要工作载体，一是开展好党员民主评议活动，包括定期（一般是每年一次）评议和结合党员主题教育活动中的评议。二是各级纪委对党员的监督。

如何保障党员权利，是基层党组织面临的一个重大课题。这并不是一个新课题，早在党成立初就明确提出来了。党的二大制定的我党第一部党章规定："本党一切会议均取决多数，少数绝对服从多数。"党的六大通过的党章，第一次明确规定党的组织原则为民主集中制，并且提出了民主集中制的三条"根本原则"。党的七大通过的党章规定"中国共产党是按民主的集中制组织起来的"，在规定党员四项义务的同时，规定了党员四项权利。党的八大通过的党章，对民主集中制作了经典表述："这就是在民主基础上的集中和在集中指导下的民主。"八大党章的显著特点，是对发扬党内民主作了展开表述："党必须采取有效的办法发扬党内民主，鼓励一切党员、党的基层组织和地方组织的积极性和创造性，加强上下级之间的生动活泼的联系。只有这样，党同人民群众的联系才能有效地扩大和

---

[1]《陈云文选》第一卷，人民出版社1995年版，第148页。

加强，党的领导才能正确和及时，才能灵活地适应各种具体情况和地方特点，党的生活才能生机勃勃，党的事业才能得到更大更快的发展。也只有在这个基础上，党的集中统一才能巩固，党的纪律才能是自觉的而不是机械的。"① 以上表述，标志我党对党内民主的认识达到了一个新水平。

党的八大后，党内民主建设走过了一条曲折的路，党的十一届三中全会拨乱反正。1980年2月召开的党的十一届五中全会通过的《关于党内政治生活的若干准则》，第二部分为"坚持集体领导，反对个人专断"，第三部分为"维护党的集中统一，严格遵守党的纪律"，第六部分为"发扬党内民主，正确对待不同意见"，第七部分为"保障党员权利不受侵犯"，第八部分为"选举要充分体现选举人的意志"②。2016年10月召开的党的十八届六中全会通过的《关于新形势下党内政治生活的若干准则》(以下简称《准则》)，第六部分为"坚持民主集中制原则"，第七部分为"发扬党内民主和保障党员权利"。《准则》在谈到"必须尊重党员主体、保障党员民主权利"时指出："落实党员知情权、参与权、选举权、监督权，保障全体党员平等享有党章规定的党员权利、履行党章规定的党员义务"。《准则》就如何落实党员的民主权利，提出了明确要求。③

学习《准则》就会感到，《准则》对保障党员权利所作的规定相当具体。从这些年的实际情况看，有的规定得到了比较好的落实。譬如，《准

① 参阅中共中央党校党章研究课题组编著：《中国共产党章程编介（从一大到十六大）》，党建读物出版社2004年版。

② 参阅中共中央文献研究室编：《三中全会以来重要文献选编（上）》，人民出版社1982年版，第414—435页。

③ 参阅中共中央文献研究室编：《十八大以来重要文献选编（下）》，中央文献出版社2018年版，第418—439页。

则》规定"坚持党的代表大会制度。未经批准不得提前或延期召开党的代表大会。"原来许多基层党组织不按期召开党代会。记得十多年前，我去中央纪委和中央组织部汇报宝钢召开党代会事宜，有关领导一方面给予肯定，一方面感慨道："那么多基层党组织不按期召开党代会，像宝钢党委这样主动提出召开党代会的，绝无仅有啊。"现在，不按期召开党代会的现象已经彻底改变。有的规定则不然，譬如，《准则》要求"拓宽党员表达意见渠道，营造党内民主讨论的政治氛围"。我参加过一个基层党组织的党代会，分组讨论党委工作报告时，基本上是"同意""赞成""拥护"的表态，连一般性的工作建议也不提；选举时，小组召集人公开告诉大家谁是"差额人选"，罔顾发扬民主的规定。据我观察，这与一些同志的错误认识有关，他们把发扬党内民主与维护党的集中统一领导对立起来，以为讨论中如果鼓励大家积极发表意见，可能会有人提不同意见；选举时如果不告诉大家谁是"陪衬"，组织的意图就不能圆满实现。在我看来，认真落实《准则》关于"发扬党内民主和保障党员权利"的规定，基层党组织要做的事还很多。尊重党员主体地位，就能进一步调动广大党员的积极性、主动性和创造性，使他们的生机和活力进一步焕发出来。

2. 大目标要具体化为每个党员的小目标

尊重党员主体地位，保障党员民主权利，目的是加强党员队伍建设，更好地发挥广大党员的带头和带动作用。党员能否发挥作用，发挥作用是否充分，从根本上说取决于理想信念是否坚定。党章第一章是"党员"，在规定党员的义务和权利之前，从总体上对党员提出了要求："中国共产党党员是中国工人阶级的有共产主义觉悟的先锋战士。中国共产党党员必须全心全意为人民服务，不惜牺牲个人的一切，为实现共产主义奋斗终身。"这是坚定理想信念的最高表述。习近平在党的十九大报告中指出："革命理想高于天。共产主义远大理想和中国特色社会主义共同理想，是中国共产党人的精神支柱和政治灵魂，也是保持党的团结统一的思想基础。"为了使广大党员保持先进性，党中央会在不同时期作出部署，在全党开展主题教育活动，帮助广大党员"挺起共产党人的精神脊梁，解决好世界观、人生观、价值观这个'总开关'问题，自觉做共产主义远大理想和中国特色社会主义共同理想的坚定信仰者和忠实实践者"。主题教育对统一全党思想、克服党内存在的问题，具有重大意义。基层党组织应该根据中央的统一部署和上级党组织的要求，密切联系本单位实际，把活动的各项工作落到实处。

2002 年 11 月召开的党的十六大，部署在全党开展保持共产党员先进性教育活动①。活动先进行试点，宝山钢铁股份有限公司（宝钢主要的上市公司）被列为试点单位之一。2003 年 2 月，我到宝钢担任党委书记，正值保持共产党员先进性教育活动试点开始。在试点工作的最后阶段，中央组织部提出了"建立保持共产党员先进性长效机制"的要求。何谓长效机制？长效机制就是有实效的党员队伍建设常态化的工作载体。宝钢该建立怎样的长效机制呢？我带着这个问题，对党建工作进行了调查研究。宝钢党委自 1995 年起，在党员队伍建设方面开展了以"高觉悟、高技能、高

---

①　中共中央文献研究室编：《十六大以来重要文献选编（上）》，中央文献出版社 2005 年版，第 41 页。

业绩，建设一流党员队伍"为主题的"三高一流"活动。我在调研中发现，这个活动总体上开展得不错，但和任何活动一样，不同单位之间存在差异，有的效果特别好，有的比较一般，有的则相形见绌。效果好的单位，一般都建立了长效机制——有切实可行的工作载体。最典型的，是制造部党委创造性开展"党员登高计划"活动——每个党员每年制定一个登高计划，把发挥党员先锋模范作用转化为具体目标和行动，并且不是搞一年算数，第二年再翻新花样，而是一年接一年，持续登高。

我带着党委组织部和党校的有关干部，对制造部党委开展"党员登高计划"活动的情况进行了深入调研，觉得这个活动具有难得的党建工作多方面价值。它是理想信念教育的工作载体，使远大理想和共同理想与每个党员的工作岗位相连接，围绕生产经营中心，大目标具体化为每个党员的小目标，让理想在岗位上闪光，为共产主义和中华民族复兴而奋斗不再是遥不可及的事情，而成为实实在在的行动；它是党员发挥带头、带动作用的工作载体，看得见，摸得着，而且具有稳定性和可持续性，可以不断深化；它把企业经营管理的目标管理和全面质量管理的 PDCA 循环工作法引入党建工作，可量化，可检查，可考核，防止出现虎头蛇尾的工作常见病，是实现党建工作科学化、做到有实效的创新之举。

经过一段时间准备，宝钢党委于 2005 年制定了"党员登高计划"活动制度。活动要求每个党员在党支部指导下，每年制定一个体现带头、带动作用的素质和业务提升的具体计划。计划制定的第一步，是每个党员发扬党的自我批评优良作风，从觉悟、技能和业绩三个方面持续"对标找差"。"对标找差"，一方面是对照党章规定的党员标准——党员的义务和权利找差距；一方面是对照同业务的先进人物、先进指标找差距。第二步，是制定缩小差距、提升觉悟、技能和业绩的目标。目标应该适当，既不要过低——过低的目标产生不了激励作用；也不要过高，——过高的目标会使积极性受挫。应该制定经过努力可能实现的目标。目标应该具体，能量化的尽量量化，不能量化的也应该有具体描述。目标能够全面一点当然好，即使只就某一方面提出目标也行——尤其是开展"党员登高计划"活动的初期。第三步，是制定实现目标的措施。措施也应该具体——具体才有可操作性。措施分两种情况，有的是党员本人就有能力实施的，有的是需要组织上创造条件、帮助党员实施的。后者需要得到组织的确认——党支部应该会同有关方面尽力支持党员。每个党员制定"登高计划"，要主动征求周围党员和群众的意见，并在一定范围内公布。

党支部对"党员登高计划"活动实行闭环管理：一是对党员进行集中教育，并向党员通报有关重要情况（主要是本单位的中心工作），尽可能做到"信息对称"，为党员制定好"登高计划"创造条件。二是指导党员围绕本单位的中心工作，针对自身存在的主要薄弱环节，来制定"登高计划"。制定一个好的计划，是"党员登高计划"的关键。这里，党支部书记的作用非常重要，党支部书记要舍得花功夫与每一个党员沟通，对他们作精心指导。三是结合党员民主评议，对党员实施"登高计划"情况做出评价，评价结果与奖惩挂钩。大量实践证明，"党员登高计划"活动，把目标管理引入基层党组织建设，把理想信念教育落实到每个党员的工作岗位，使党员的主体地位和党支部的积极作为有机结合，形成了有效的党员队伍建设长效工作机制。

为慎重起见，我想先选择几个单位搞试点。董事长、党委常委谢企华建议，可以不搞试点，全面推开。她的理由是，"党员登高计划"活动是一个不会搞坏的活动，无非是效果大小，可以边推开边总结经验推广。经党委常委会讨论决定，2006年起，"党员登高计划"活动在宝钢全面开展了，取得了很好的效果。前两年，我去中国广核集团公司台山核电站调研时，发现那里的党组织在党员中开展"给30天后的自己"活动，就是每一个党员在每个月月底，为自己设定下一个月的工作目标——小目标。与宝钢以年度为时间轴的"党员登高计划"比，目标更具体，看得见、摸得着。如果把两者结合起来，效果可能会更好。

1921—2021

党委书记是关键

　　党的基层组织建设，党委书记是第一责任人，其关键作用任何人都无法替代。习近平总书记在党的十九大报告中提出："加强基层党组织带头人队伍建设"，党委书记就是带头人。能否提高基层党组织建设质量，很大程度上取决于党委书记素质。特别是国有企业实行党委书记、董事长"一肩挑"的体制模式，许多党委书记过去没有党务工作岗位经历，如何提高这方面的素质，重要而紧迫。党章第三十五条规定："党的干部是党的事业的骨干，是人民的公仆，要做到忠诚干净担当"。作为"忠诚干净担当"的展开，党章第三十六条规定："党的各级领导干部必须信念坚定、为民服务、勤政务实、敢于担当、清正廉洁"；同时规定，党的各级领导干部在"模范地履行本章程第三条所规定的党员的各项义务"的前提下，必须具备六项基本条件——党员领导干部六条基本标准。上述要求，党委书记无疑应该带头达到。

　　干部、特别是党员领导干部要做到合格乃至优秀，必须加强自我管理，党委书记理应成为自我管理的表率，努力提升政治素养、人文素养和业务素养。自我管理的基本方法是养成良好的行为习惯。开国总理周恩来堪称党的各级领导干部楷模，读他在延安整风期间写的颇有特色的《我的修养要则》，让我们受益匪浅。党委书记是党委会一班人的"班长"，怎么运用正确方法开展党委会的工作，毛泽东 1949 年的名作《党委会的工作方法》，70 多年后仍然给我们以重要启迪。

一、做自我管理的表率

自我管理，顾名思义，一是突出"自我"，提高修身养性的自觉性，自强不息；二是强调"管理"，注重良好的行为习惯养成。本书第五讲谈"232"结构的领导力七个核心要素，自我管理是第一个"2"内生力两要素之一。内生力的另一个要素是使命感，使命感是自我管理的动力——为了使命，必须加强自我管理；自我管理又强化使命感，让使命感上升到新的境界。这对基层党委书记来说，何尝不是呢？20 世纪 80 年代中后期，我担任上海铁合金厂党委书记，正是国有企业党的领导、党的建设淡化、弱化、虚化和边缘化最严重之时，一位在市委宣传部工作的朋友劝我趁年轻跳槽，到市委机关工作。我内心纠结，扪心自问：在国有企业做党建工作，究竟有没有价值？经过几个月激烈的思想斗争，给了自己一个肯定的回答，下了"即使一辈子做国有企业党委书记也不后悔"的决心，这是一种使命感。

自我管理往往是一个先苦后乐的过程，是苦与乐的辩证统一，由苦开首，渐入苦与乐并存状态，再获得前所未有之真乐。自我管理循环往复，做得好，新的循环可能出现苦少乐多的趋势。市面上充斥"快乐工作""快乐生活"之类的书籍，作为一种工作方法和心理安慰，或许对某些人会起到一点帮助作用，但很有限。若把它作为一种人生态度，则不可取。凡事业上、生活上略有成功者，哪个会没有遇到过波折和痛苦呢？中央电视台新闻评论员白岩松 2000 年出了他的第一本随笔集，借用歌手齐秦的一张专辑《痛并快乐着》作书名，富有哲理，未经苦痛何来快乐？痛并快乐着，已是一种相当不错的人生境界。基层党委书记要通过认真的自我管理，在守住做人底线的基础上，不断提升人生境界和履职能力，做一个道德高尚、能力超群的人，一个带头实现、并带动党员和群众实现自身现代化的人。

1. 政治、人文和业务素养缺一不可

我认为，对基层党委书记而言，立足工作岗位的特点，从当下实际出发，为了实现自我管理的目标，在全面提升素质的过程中，提升政治、人文和业务三大素养特别重要。

基层党委书记的工作，主要是政治工作。习近平在党的十九大所作的报告，最鲜明的特点是十分突出党的政治建设。他在阐述新时代中国特色社会主义思想时指出："必须以党章为根本遵循，把党的政治建设摆在首位，思想建党和制度治党同向发力，统筹推进党的各项建设"。报告的最后部分"坚定不移全面从严治党，不断提高党的执政能力和领导水平"，在提出新时代党的建设总要求时，明确指出"以党的政治建设为统领"。报告部署了今后党建工作八项重点工作任务，第一项为："把党的政治建设摆在首位。"强调指出："旗帜鲜明讲政治是我们党作为马克思主义政党的根本要求。党的政治建设是党的根本性建设，决定党的建设方向和效果。"报告指出："保证全党服从中央，坚持党中央权威和集中统一领导，是党的政治建设的首要任务。"关于政治，报告接连用了"政治路线""政治纪律""政治规矩""政治立场""政治方向""政治原则"和"政治道路"等表述，展现了"政治"极为丰富的内涵。

在如此浓厚的政治氛围中，基层党委书记怎么提升政治素养？我觉得关键在两点。一是牢牢把握政治的本质。本书前言引用了习近平对政治本质言简意赅的揭示："人心是最大的政治"，"民心是最大的政治"。基层党委书记一定要有以人为本、以人民为中心的情怀，心中始终要有群众——不是抽象概念的群众，而是本单位的每个人和社会上的许多人。支撑这种情怀的，是马克思主义解放全人类的理想——"每个人的自由发展是一切人的自由发展的条件"，是我党的初心——"为中国人民谋幸福、为中华民族谋复兴"，也是中国优秀的传统文化和西方先进的现代文明。二是在思想上政治上行动上与以习近平同志为核心的党中央保持高度一致。保持一致需要明确表态——表明自己的政治态度，但不能停留于表态，远比表态要紧的是行动。什么行动？做一个合格的基层党委书记，争取做一个优秀的基层党委书记的实际行动。何谓合格，何谓优秀？这就又要回到政治的本质，认识到对党忠诚和对人民忠诚的一致性。在站稳政治立场的前提下，把能否凝聚党员之心、群众之心，加快实现人的现代化、出色完成本单位的中心工作任务，作为衡量是否合格、是否优秀的标准。

认识到政治的本质是人心、民心，也就顺理成章地认识到基层党建工作本质上是做人的工作。进而，基层党委书记就必须提升人文素养，因为没有较高的人文素养就不可能真正做好人的工作、党建工作。对此，人们一般都认同，但能够认识到什么程度却是一个问题。1993年我担任上海市委组织部副部长，当时，市委书记吴邦国正在亲自动手修改关于加强和改进国有企业党的建设的文件稿。我和有关同志向他汇报国有企业党务工作者的思想动态，谈到不少人抱怨："手中没有'干货'（指行政管理权和物质奖励权），讲话没人听。"邦国同志即刻插话说："教堂里没有'干货'，为什么信教的人越来越多？"他不是否定党建工作与"干货"有关，而是说明精神层面的工作自有其独特的重要功能；物质固然是基础，然而精神相对于物质，有着不可忽视、不可替代的反作用。20多年来，我会不时想想邦国同志的提问。为什么世界上大多数人信耶稣？因为他创造了一种以《圣经》为载体的具有强大吸引力的人文学说——虽然披上了神的外衣，把人寄托于神，但他关注每个人，《圣经》指向每个人的心灵深处。我们不信教，但不能没有人文学说。我们有马克思主义，马克思主义本质上是一种达到了时代高度的人的解放和发展的学说——集人类文明之大成的人文学说。

基层党委书记提升人文素养，需要阅读人文经典。人文经典首先是马克思主义经典。马克思主义的源头，是他的《1844经济学哲学手稿》，这虽是一部未完成稿，但已经体现了他的基本思想。读他的这部著作，以及《巴黎手稿》的其他著作，再读《共产党宣言》等代表作，再读中国化的马克思主义经典，就不会偏离马克思主义的"人文"本质。人文经典离不开国学，国学集自古至今中华民族优秀文化之大成。以儒家学说为主干、儒道释共同组成的中国古代文化精华，具有超越时空的人文价值，《论语》《孟子》《荀子》和《道德经》《坛经》，唐诗宋词和《红楼梦》等，都是必读经典。但弘扬国学绝非简单复古，绝不能把中国近现代人文经典排斥在国学之外。五四新文化运动为中国共产党的成立和发展做了思想文化准备，在这个意义上可以说，没有五四就没有中国共产党。鲁迅是五四新文化的杰出代表，我们需要孔子，也需要鲁迅。首都师范大学教授王景山指出："现在好像存在'重孔轻鲁'的一股风。'维稳'当然要借重孔子，但'改革'则必需鲁迅。"①鲁迅作品不可不读。2009年起，我在宝钢讲"鲁迅'立人'思想与宝钢人发展"，推动鲁迅作品阅读，并非心血来潮，而是企业的现代化发展呼唤、时代呼唤。人文经典也离不开外国、尤其是西方先进的人文学说。商务印书馆出版了汉译世界学术名著丛书，该馆编辑部1981年写的出版说明指出："我们确信只有用人类创造的全部知识财富来丰富自己的头脑，才能够建成现代化的社会主义社会。"丛书中选编的人文经典很多，基层党委书记可以根据自己的实际情况选择阅读。

　　基层党组织建设要与基层单位的中心工作深度融合，这就对基层党委书记提出了提升业务素质的要求，舍此很难真正做到深度融合。要融合，就得了解融合的双方。提升政治素养、人文素养，是为了更深刻地了解党建工作；提升业务素质，是为了更深刻地了解中心工作。党委书记提升业务素质，如果本身是本单位业务方面的专家，也需要终身学习、与时俱进。如果不是，提升业务素质，一般无须追求成为业务专家，但至少要熟悉本单位业务，能够成为"行家里手"更好。提升业务素养，和提升人文素养一样，要阅读业务方面的经典，如果在企业任党委书记，应该读经营管理方面的经典，譬如彼得·德鲁克的代表作；还应该读生产技术方面的

---

① 王景山著：《鲁迅五书心读》，首都师范大学出版社2013年版，序第7页。

基本著作。我刚担任企业党委书记时，恰逢我国开始陆续翻译出版外国管理学经典，我几乎见一本买一本读一本。我到宝钢任职前，在上海铁合金厂和上钢五厂工作了20多年，对钢铁企业有所了解，但对宝钢这样的现代化程度较高的企业的生产技术还相当陌生。我向教培中心要了从炼铁、炼钢到热轧、冷轧，从原料、工艺到设备的全套教材，还要了日本专家所作的最新的技术培训讲义，集中精力补课，对宝钢的生产技术有了大致了解。有了这样的基础，去生产现场调研，与员工交谈，感觉就不一样。对如何做到党建工作与生产经营深度融合，就有了更多发言权。

提升业务素质更要了解实际情况，并且能够作出分析，提出有价值的意见和建议。主要包括三方面。一是密切关注同本单位业务相关的国内外宏观经济、政治形势。二是同行同业（如果是企业主要是竞争对手）的发展情况。三是本单位情况，这方面最重要，不是浮在面上的一般性了解，而是动态地、全面深入地了解各方面情况，从市场营销一线到生产制造现场，从科技研发到职能部门工作。基层党委书记了解情况，可以充分发挥综合信息部门的作用，请他们提供相关材料，但这是第二甚至第三手资料；应该遵循问题导向原则，有计划、有重点地安排调查研究，掌握第一手资料。真正考验业务水平的，是对了解到的情况进行梳理，从中发现一线经营管理者和员工创造的先进经验，发现带有倾向性、代表性的问题；在此基础上，提出改善经营管理的对策。

2. "242" 结构的行为习惯养成

宝钢的领导力开发，在自我管理要素中，把侧重点放在养成良好的行为习惯方面，提出可从八个方面来把握，每个方面用三个字概括，共24个字，简称"24字成功要诀"，那就是：守规则，甘勤勉，好读书，重实践，近群众，善思考，求宁静，勤锻炼。"24字成功要诀"并非功成名就锦囊，而是成功地实现自我管理的行为指导。"24字成功要诀"按"242"结构分成三类。第一类是职业境界方面，养成"守规则"和"甘勤勉"两种行为习惯，这是第一个"2"；第二类是知识经验积累方面，养成"好读书""重实践""近群众"和"善思考"四种行为习惯，这是"4"；第三类是身心健康保障方面，养成"求宁静"和"勤锻炼"两种行为习惯，这是第二个"2"。自我管理课，是宝钢领导力课程中讲得最多的一门课。

我觉得，"24字成功要诀"普遍适用于基层党委书记的自我管理，下面作一点展开分析。

第一类，"守规则"和"甘勤勉"。行为习惯养成之一是守规则，守规则才能不迷失。现代社会是法治社会，任何基层单位的业务运行都有赖于日趋完善的制度，即规则。遵守不遵守规则是讲不讲诚信和公平、正义的问题，是要不要科学管理、要不要现代文明的问题。在人治大于法治尚未完全根除的社会环境中，基层党委书记理应成为法治文化的"守夜人"，做守规则的模范，勇于抵制一切向规则挑战的言论和行为。行为习惯养成之二是甘勤勉，甘勤勉才能不荒废。正如唐代文学家韩愈所言："业精于勤荒于嬉"①。激烈的市场竞争决定了基层干部必须永不懈怠、勤奋努力地工作。勤勉是一种状态，一种精神，一种美德，在这个意义上可以说艰苦

---

① 田正平、肖朗主编：《中国教育经典解读》，上海教育出版社2005年版，第145页。

奋斗不会过时。基层党委书记应该成为本单位事实上的劳动模范——当然不是去争"劳动模范"这个荣誉称号。讲勤勉，不只是苦干，苦干要加巧干，要讲效率。宝钢学习借鉴日本的企业管理，但没有去学那时日企员工没完没了的加班加点，不简单地把勤勉等同于加班加点。

第二类，"好读书""重实践""近群众"和"善思考"。行为习惯养成之三是好读书，好读书才能不平庸。当然，这是指经典阅读。吉林大学教授张福贵指出："远离鲁迅让我们变得平庸"①，他取这个观点作为自己一篇论文的标题和一本书的书名，可见这是他的代表性观点。对此，我深有同感。人是否具有高素质，是否具备丰富的知识而达到专业化水平，在很大程度上首先取决于是否好读书、读好书。党的十八大号召"开展全民阅读活动"②，具有非同寻常的意义。中国 2010 年上海世博会阅读论坛的企业分会场设在宝钢，我以"读书使工作更有效，使生活更美好"作为演讲主题。基层党委书记应该带头养成读书习惯，并在营造读书氛围、打造书香门第方面有所作为，为提高国民阅读率尽绵薄之力。行为习惯养成之四是重实践，重实践才能不虚妄。实践出真知，读书重要，实践更重要，提升自我管理水平务必十分重视实践。我党有调查研究的优良传统，在改革开放的新形势下如何传承发扬，是个需要努力破解的重要课题。基层党委书记要增强"党的优良传统不能在我手中丢失"的意识，自觉地深入实际、深入群众开展调查研究，为正确决策和有效执行奠定最必要的基础。行为习惯养成之五是近群众，近群众才能不变弱。个人的力量非常有限，

---

① 张福贵著：《远离鲁迅让我们变得平庸》，安徽大学出版社 2013 年版，第 199 页。
② 《中国共产党第十八次全国代表大会文件汇编》，人民出版社 2012 年版，第 30 页。

领导干部只有集中群众的智慧，才可能变得强大。如果疏远群众，逐渐忘了自己来自群众、最后将回归群众，往往是官僚化的开始，必定会使自己的领导力减弱。基层党委书记务必增强向群众学习的意识，常常到工作一线走走，与群众保持密切联系，从群众身上汲取无穷的力量。行为习惯养成之六是善思考，善思考才能不肤浅。韩愈在提出"业精于勤荒于嬉"的同时，还提出"行成于思而毁于随"①。独立思考决定读书、实践和联系群众的效果，思考的广度和深度在很大程度上决定领导力大小。为了保证有足够时间思考，最重要的是合理授权，管理学一般认为，每个领导者在汇报链上的直接汇报人，以七人为限。在确保受控的前提下，管得越少，思考就可能越深，管理效果就越好。

第三类，"求宁静"和"勤锻炼"。行为习惯养成之七是求宁静，求宁静才能不浮躁。"淡泊明志，宁静致远"。宁静是保持头脑清醒和心理健康的重要条件，一个人能否做到宁静固然与客观环境密切相关，但宁静归根结底只能靠自己创造。在现代社会要做到宁静很难，但真想做到总可以在一定程度上做到。特别是党的十八大以来弘扬清廉风气，应接不暇的吃请活动大大减少，为干部做到宁静创造了条件。行为习惯养成之八是勤锻炼，勤锻炼才能不遗憾。基层单位的任务相当繁重，压力很大，没有健康的体魄，很难适应超强的工作负荷。基层党委书记要吸取古往今来不少人"出师未捷身先死"的教训，尽可能少做挑战身体极限的事，保持身体健康。现在介绍锻炼方法的书琳琅满目，其实对每个人而言，关键是找到适

合自己的锻炼方法，只要持之以恒去做就有效。

良好的行为习惯养成需要正确方法，实践告诉我们，以下四种方法是有用的。一是发挥长处。发挥长处和克服短处都重要。道德品质方面的短处必须克服，这是自我管理的首要任务。从自我开发角度说，发挥长处可能更重要，发挥长处的前提是真正认识自己的长处。二是贵在坚持。良好的行为习惯只有在坚持中才能养成，有恒心者事竟成。坚持难在开始阶段，需要来一点自我强制——如果没有信心做到，可以在一定范围内公开自己的目标，接受他人的监督。三是善于平衡。平衡的关键是学会和加强时间管理。许多人感叹时间不够用，这与会不会管理时间有密切关系。管理时间的前提是舍得用时间管理时间，管理时间用的时间是最值得花的时间，可以取得事半功倍之效。四是注重检验。没有检验就没有管理，自我管理同样如此。要检查自身状况，是处于正常状态、超常状态还是失常状态，以超常发挥为最高追求，以避免失常为底线目标。要关注群众口碑，在敬畏法律和纪律的同时，敬畏群众；要衡量自身业绩，道德建设要与业绩联系起来，做不出业绩的人，可能是一个好人，但不是一个好干部。

二、读周恩来《我的修养要则》有感

1941 年春到 1943 年夏，周恩来在重庆主持中共南方局，领导整个国民党统治区的党的工作。延安整风开始后，他担任南方局整风学习高级学习组组长。1943 年 3 月 18 日，是他农历 45 岁生日，南方局的同事们为他准备了茶点祝寿，但他并未出席，而是在办公室写《我的修养要则》（以下简称《要则》），共七条①。这七条看似平淡，其实内涵颇深，是经过字斟句酌、基于实践经验之上的深思熟虑。既具有鲜明个性，又在相当程度上体现了领导干部修养的一般规律。这七条，至今仍然可以帮助我们完善人格、提升境界，以适应大变革时代的新要求，做一个称职的、优秀的基层党委书记。《要则》是短文，我们不妨逐条研读。

第一条，"加紧学习，抓住中心，宁精勿杂，宁专勿多"。这是讲学习。"加紧学习"，是讲学习态度，要有紧迫感。对于修身养性的自我管理而言，学习是一个永恒的主题。当下，新工业革命加快步伐，国内外形势剧烈变化，新知识层出不穷，学习比以往更重要。不好好学习，就难以适应。"抓住中心"和"宁精勿杂，宁专勿多"，是讲学习内容和方法。"抓住中心"是讲学习须得其要领，同样读一本书，不同的人很可能有不同的看法，"抓住中心"才能真有所得。能不能"抓住中心"，是对领悟能力的检验。虽然不排除一读就豁然开朗，但更多情况下是反复研读的结果。"宁精勿杂，宁专勿多"，是讲学习要在"精"和"专"上下功夫。"精"可以理解为经典，"专"无疑是指某一方面的专门学问。一个人再刻苦，但精力有限，能做的学问自然也有限，为了尽可能取得比较好的效果，在学习内容上就要精心挑选，重点学习某一专业的经典著作或文献。

第二条，"努力工作，要有计划，有重点，有条理"。这是讲工作。"努力工作"，是讲工作态度。"一分耕耘一分收获"未必就是百分之百的对应关系，但没有耕耘就没有收获是普遍真理，所以工作一定要努力。

---

① 《周恩来选集》上卷，人民出版社 1980 年版，第 125 页。

"有计划，有重点，有条理"，是讲工作方法。"三有"缺一不可。先说"有计划"，有计划不一定能做好工作，但没有计划一定做不好工作，所以全面质量管理PDCA（P即计划、D即执行、C即检查、A即处理）循环的戴明环，要求把三分之二的精力放在P阶段，尽最大努力把计划做好。次说"有重点"，重点就是"2∶8"定律中的"2"，工作只有抓住重点，才可能带动全面；什么都抓，往往是什么都抓不住。再说"有条理"，工作千头万绪，条理清晰才可能有比较高的办事效率。面对复杂形势做SWOT分析，认清内部条件的优势（S）与劣势（W），外部环境的机遇（O）与挑战（T），才不至于陷入盲目和忙乱。

第三条，"习作合一，要注意时间、空间和条件，使之配合适当，要注意检讨和整理，要有发现和创造"。这是讲学习和工作的关系，并进一步从三个角度讲工作方法。"习作合一"，就是知行合一、理论联系实际。大家都这么说，但事实上学习脱离工作、理论脱离实际的情况大量存在。理论学习在领会精神实质的基础上，要在解决本单位的突出问题上下功夫，指导和促进问题的解决。"注意时间、空间和条件，使之配合适当"，讲正确的工作方法必须把握的三个基本维度。这是完整的哲学表述。开展工作要有分寸感，综合分析时间、空间和条件，审时度势，力求在三个维度配合相对最合适之际推进工作、破解难题。"注意检讨和整理"，这是做到相对从容和少犯错误的重要方法。我们即使很认真、很努力，工作中也难免考虑不周，有时甚至可能失误。为此，工作一段时间，就有必要调整节奏，对进展情况开展检查研讨和整顿梳理，以便及时纠偏。"要有发现和创造"，这是使工作取得成绩的保证。创新，是改革开放的新时代对干部的突出要求。发现和创造，是创新的两个要素，发现问题，用正确的思路和方法去解决，就是创造。

第四条，"要与自己的他人的一切不正确的思想意识作原则上坚决的斗争"。这是讲正确地开展自我批评和相互批评。关键是坚持原则，大家服从真理，真正做到实事求是。回顾百年历史，我党付出了沉痛代价、吸取了深刻教训，才确立了实事求是的思想路线，但在复杂的政治生态中做到实事求是并不容易。时至今日，形式主义、官僚主义顽疾仍然影响着改革发展。造成形式主义、官僚主义的深层次原因，除了受封建思想残余影响外，还可能有三个，一是理论上、政治上幼稚，二是贪图省力，可以不动脑筋，三是似乎比较保险，不会犯错误（其实是很明显的错误，但往往很少被追究）。我们要勇于和善于运用自我批评和相互批评的武器，从自己做起，在工作中克服形形色色的形式主义、官僚主义。1962年，周恩来在中共中央扩大的工作会议上，对干部提出了著名的12字要求："说真话，鼓真劲，做实事，收实效。"关于"说真话"，他指出："这几年来，党风不纯，产生了浮夸和说假话的现象。我们要提倡说真话。怎样才能做到这一点呢？要大家讲真话，首先要领导上喜欢听真话，反对说假话。"关于"鼓真劲"，他指出："我们提倡鼓干劲，不是鼓假劲，而是鼓真劲。"关于"做实事"和"收实效"，他指出："我们要做实实在在的事，做实事，收实效，才会对人民有利。"他说："现在被搁在一边的党的优良传统和作风通通要恢复起来。"① "党的优良传统和作风" "被搁在一边"，批评得很严厉；"通通要恢复起来"，体现了决心。这些论述，58年后的今天读

---

① 《周恩来选集》下卷，人民出版社1984年版，第349—350、352页。

来，仍感针对性很强。

第五条，"适当的发扬自己的长处，具体的纠正自己的短处"。这是讲正确对待自己需要把握两点。一是"发扬自己的长处"加限制词"适当"，蕴含"不在其位不谋其政"的意思。管理的基本要素是责权利，责为先，责不明确，什么样的管理方式都会变味、大打折扣。工作既要做到位，又要不越位，即使是具有发挥自己长处余地的事，只要不在本职范围内，一般情况下也不要去插手。二是"纠正自己的短处"提"具体"的要求，是说只有具体才能切实纠正。我们现在存在的很多问题其实早就提出过，之所以没有较好地得到解决，与没有在"具体的纠正"上下功夫有很大关系，不具体就缺乏可操作性，良好的愿望往往就落空。为了切实纠正自己的短处，必须做到具体化。

第六条，"永远不与群众隔离，向群众学习，并帮助他们。过集体生活，注意调研，遵守纪律"。这一条侧重讲密切联系群众。密切联系群众是我党的最大优势，脱离群众是党的最大危险。但历史无情地告诉我们，一个领导干部在缺乏外部巨大压力的情况下，很容易犯脱离群众的错误，甚至成为鲁迅所说的那种"被包围的昏庸猛人"。为此，在自我修养中，告诫自己"永远不与群众隔离"十分必要。为了使这种告诫不至于成为年年重复的空谈，要建立面对面与网对网相结合、优良传统与专业化相结合的全覆盖的联系群众工作机制。联系群众，一方面要"向群众学习"，一方面要"帮助他们"，缺一不可。"过集体生活"，是讲把自己融入群众之中，不搞特殊化。"注意调研"，这是联系群众的首要工作，通过调研，了解实情，才可能做好服务群众的工作。"遵守纪律"放在这一条，或许与红军时期形成的"三大纪律八项注意"相关，提醒我们遵守纪律与联系群众有着密切关系。

第七条，"健全自己身体，保持合理的规律生活，这是自我修养的物质基础"。这一条讲身体健康。"健全"比一般的健康概念含意更广，包括生理健康和心理健康。"保持合理的规律生活"，是实现健全身体目标的基本措施。基层工作直接面对大量矛盾要处理，压力大，没有多少回旋余地，真要做好，对身体素质的要求很高。每个人可以从本人的实际出发，将何谓"合理的规律生活"具体化，并切实做到，以适应繁杂紧张的现代社会。

基层党委书记提高素质，需要外部条件，但归根结蒂靠自己。在相同的外部环境中，人的自我管理不同，结果差异很大。基层党委书记应该以周恩来为榜样，借鉴他在《要则》中提出的七条，加强自身修养，增强内生动力，立足本职岗位，自强不息。

三、毛泽东《党委会的工作方法》① 今读

《党委会的工作方法》，是 1949 年 3 月 13 日，毛泽东在党的七届二中全会上所作结论的一部分。这次全会是为建设新中国作准备的重要会议，这篇文献是成熟的毛泽东思想领导方法的代表作之一，是从大量深刻的经验教训中提炼出来的。《党委会的工作方法》共 12 条，让我们联系当

---

① 《毛泽东选集》第四卷，人民出版社 1991 年版，第 1440—1444 页，本节引用《党委会的工作方法》的内容，不再注释。

下基层党委书记工作实际，作有详有略的解读。

第一条，"党委书记要善于当'班长'"。毛泽东把党委书记比作党委一班人的"班长"："党的委员会有一二十个人，像军队的一个班，书记好比是'班长'。要把这个班带好，的确不容易。""班长"不好当，怎么办？他提出要注意两点：一是学习和研究领导方法。"领导工作不仅要决定方针政策，还要制定正确的工作方法，有了正确的方针政策，如果在工作方法上疏忽了，还是要发生问题。"关于方法的重要性，毛泽东还有著名的"生命"论和"桥船"论。他强调："政策和策略是党的生命，各级领导同志务必充分注意，万万不可粗心大意。"① 他指出："我们不但要提出任务，而且要解决完成任务的方法问题。我们的任务是过河，但是没有桥或没有船就不能过。不解决桥或船的问题，过河就是一句空话。不解决方法问题，任务也只是瞎说一顿。"② 邓小平则有成功公式，他说："努力加上方法正确，才能完成任务。"③ 可惜，真正像这样从实际出发认识方法重要性的，至今似已不多见。重温毛泽东 70 多年前的这篇著作，首先要提高对领导方法重要性的认识。领导方法是领导智慧的体现，关系到明白还是糊涂，聪明还是愚蠢，事半功倍还是事倍功半。

二是实行民主集中制，"党委要完成自己的领导任务，就必须依靠党委这'一班人'，充分发挥他们的作用"。"书记和委员之间的关系是少数服从多数，这同班长和战士之间的关系是不一样的。这里不过是一个比

---

① 《毛泽东选集》第四卷，人民出版社 1991 年版，第 1298 页。
② 《毛泽东选集》第一卷，人民出版社 1991 年版，第 139 页。
③ 《邓小平文选》第一卷，人民出版社 1994 年版，第 153 页。

方。"民主与集中都不能走极端、"走偏"，毛泽东晚年丢掉民主，一代伟人铸下大错，党的十八大前反腐败忽视集中，腐败愈演愈烈，都留给我们深刻教训。民主与集中的关系能否把握好，取决于制度建设，取决于"班长"。所谓民主，就是让大家发表意见，营造畅所欲言的氛围；所谓集中，就是归纳提炼大家的意见，形成指导行动的"一种声音"。

第二条，"要把问题摆到桌面上来"。做到开诚布公，这是党委一班人友好团结的前提和基础。错误的做法是有问题不摆到桌面上来，而是在背后议论。毛泽东指出，"不要在背后议论"，书记和委员都要这样做。他强调，书记和委员之间的"谅解、支援和友谊，比什么都重要"。为了实现谅解、支援和友谊，就要"把问题摆到桌面上来"。"把问题摆到桌面上来"，会前需要有所准备，书记和委员要经常谈心、交心、坦诚相见。我在实践中体会到，没有准备就"把问题摆到桌面上来"，往往会导致无谓的争论甚至争吵，不仅解决不了问题，还会伤了感情、伤了和气。这方面，书记的态度具有决定意义，书记做不到，委员很难做到。现在，不少书记在这方面做得不够，以致委员们常常去揣测书记的心思，往往又琢磨不透，有人就在背后议论，时间一长就产生芥蒂。毛泽东指出："有了问题就开会，摆到桌面上来讨论，规定它几条，问题就解决了。"这里有两层含义，一是把问题摆到桌面上来，是做到开诚布公的重要方法（谈心、交心是基础）。二是要搞清楚为什么开会，开会是为了解决问题，而不是为开会而开会——造成"文山会海"的重要原因之一是为开会而开会。

第三条，"'互通情报'。就是说，党委各委员之间要把彼此知道的情况互相通知、互相交流。这对于取得共同的语言是很重要的"。用现在的话语习惯，"互通情报"是为了做到信息对称，这是讨论工作形成共识的基本条件之一。毛泽东所言"互通情报",是广义的信息概念,不仅指"情况",而且指对问题、包括对理论问题的看法,也就是在党委会上要进行学习理论的心得交流。在他看来,如果这个问题不解决,"彼此之间就缺乏共同的语言","我们有些高级干部,在马克思列宁主义的基本理论问题上也有不同的语言,原因是学习还不够"。这是最高层面的"互通情报",指出这一点是独到见解,而且有很强针对性。学习不够导致对马克思主义基本理论有不同看法,不仅那时存在,而且之后长期存在。作为原因的"学习不够",是一个十分复杂的问题。首先是对马克思主义的原典学习不够,没有下功夫去全面准确地理解真精神(有客观原因和主观原因),其次是对马克思主义中国化的把握各有其解。

那么,是不是我们真的就无法把基本理论、基本概念搞清楚,只能稀里糊涂地做工作?当然不是。我们是能够在学习和实践中,逐渐把基本理论、基本概念搞清楚,并且不断加深认识的。条件是刻苦学习+努力实践+(在学习和实践过程中)深入思考,在不断积累中形成正确认识。党委书记要苦练以上三项基本功,积累的重要方法之一是动笔——把思考所得记下来。

第四条,"不懂得和不了解的东西要问下级,不要轻易表示赞成或反对"。这是强调重视调查研究。"有些文件起草出来压下暂时不发,就是因为其中还有些问题没有弄清楚,需要先征求下级的意见。我们切不可强不知以为知,要'不耻下问',要善于倾听下面干部的意见。先做学生,然后再做先生;先向下面干部请教,然后再下命令。"毛泽东指出:"这不会影响自己的威信,而只会增加自己的威信。我们做出的决定包括了下面干部提出的正确意见,他们当然拥护。"与陈独秀、瞿秋白等人相比,毛泽东的高明之处在于理论联系实际和密切联系群众，而方法就是"正确的调查研究"。这不是秘诀，而是公布于世的中国共产党真正的成功之道。道理似乎人人明白，但长期以来受形式主义、官僚主义干扰，真正做到者不多。基层党委书记要下决心恢复党的调查研究优良传统，我的体会是，只要真想做到，总可以在一定程度上做到。

第五条，"学会'弹钢琴'"。把握好工作节奏。"党委要抓紧中心工作，又要围绕中心工作而同时开展其他方面的工作。""要产生好的音乐，十个指头的动作要有节奏，要互相配合。"党委应该抓大事，决不是管得越多越好。基层党委书记应该把主要精力集中于重点工作，学会授权管理，调动副书记、各位委员的积极性、主动性和创造性。

第六条，"要'抓紧'"。工作要抓落实，讲效率。"伸着巴掌，当然什么也抓不住。就是把手握起来，但是不握紧，样子像抓，还是抓不住东西"，"什么东西只有抓得很紧，毫不放松，才能抓住。抓而不紧，等于不抓"，"不抓不行，抓而不紧也不行。"抓紧，首先是强调工作不能讲过算数，要落实。时代发展到今天，落实靠制度、靠监督；其次是工作要讲效率，不能拖拖沓沓。

第七条，"胸中有'数'"。工作要重数据。"对情况和问题一定要注意到它们的数量方面，要有基本的数量的分析。任何质量都表现为一定的数量，没有数量也就没有质量。"毛泽东批评道："我们有许多同志至今不懂得注意事物的数量方面，不懂得注意基本的统计、主要的百分比，不懂得注意决定事物质量的数量界限，一切都是胸中无'数'，结果就不能不犯错误。"重数据，是理性的重要体现。在信息化时代，"数"的概念发生了巨大变化。运用大数据分析技术，成为做好一切工作的重要保障，党建工作也不例外。难在信息化与党建工作的深度融合。智能化是信息化的高级阶段，"人工智能＋"的提出，是我们面临的新机遇、新挑战，基层党委书记理应与时俱进，学习和掌握新知识。

第八条，"安民告示"。开会要有充分准备。"开会要事先通知，像出安民告示一样，让大家知道要讨论什么问题，解决什么问题，并且早作准备。""如果没有准备，就不要急于开会。"这不是小事，直接关系到会议质量。所以，党委会议前，先将议题送各委员征求意见，很有必要。

第九条，"精兵简政"。改进文风会风。"讲话、演说、写文章和写决议案，都应当简明扼要。会议也不要开得太长。""文山会海"问题，根子出在形式主义、官僚主义。形式主义、官僚主义不倒，"文山会海"问题不可能得到解决。

第十条，"注意团结那些和自己意见不同的同志一道工作"。君子和而不同。"我们都是从五湖四海汇集拢来的，我们不仅要善于团结和自己意见相同的同志，而且要善于团结和自己意见不同的同志一道工作。"一个班子内，有不同意见是好事，有利于互补，问题在于"一把手"要容得下不同意见，善于听取不同意见。

第十一条，"力戒骄傲"。骄兵必败。"这对领导者是一个原则问题，也是保持团结的一个重要条件。""保持艰苦奋斗作风，制止歌功颂德现象。"现在的情况和 1949 年有相似之处：都是在取得了伟大成就之后怎么看待和对待成就。夸大成就、盲目乐观，还是谦虚谨慎、保持清醒头脑？前一种态度，只会葬送我们的事业；后一种态度，才能激励我们脚踏实地奋斗，去实现中国梦。

第十二条，"划清两种界限"。正确对待犯错误的同志。在当时，包括"革命和反革命的界限","正确和错误、成绩和缺点的界限"。毛泽东强调:"我们对于每一个人和每一件事,都应该采取分析研究的态度。"现在,前一种界限一般已经不存在了,后一种界限则仍然存在。对犯错误的人,既要严肃处理,又要能帮则帮,不要一棍子打死。

讲完上述 12 条后,有一个结束语,毛泽东指出:"我和政治局的同志觉得,要有以上这些方法,才能把党委的工作搞好。""我们一定要讲究工作方法,把党委的领导工作提高一步。"再次强调党委会工作方法的重要性。

得真知须有理性，得实效须有感情

当本书写作进入尾声时，我想得最多的一个问题是知和行的关系。做任何工作都须处理好知行关系，党的基层组织建设也是如此。知行关系处理得好，工作质量就高，效果就好，反之就不如人意。知行关系不外乎三种学说，即知易行难、知难行易和知行合一。"知易行难"说出自《尚书》，"知难行易"说以孙中山为代表，"知行合一"说王阳明讲得最透彻。三种学说从不同角度阐述了知行关系，都有道理。如何把握为妥？朱熹曰："知、行常相须，如目无足不行，足无目不见。论先后，知为先；论轻重，行为重。"[①]在他看来，知和行，两者互相依存。好比眼睛和脚的关系，眼睛如果没有脚就行走不了；同样，脚如果没有眼睛就什么也看不见。如果要论二者哪个在先哪个在后，那么知应该在先，有了知才会有行；但是如果要论二者的重要程度，那么行更重要。到底是学问大

---

① 朱杰人著：《朱教授讲朱子》，华东师范大学出版社 2017 年版，第 155 页。

家，把知行关系说得如此清楚。但是，问题并没有到此为止，还要继续说下去，知为先，怎么才能得真知？行为重，怎么才能得实效？联系基层党组织建设，我认为得真知须有理性，得实效须有感情。当然，这是相对而言，无论是知还是行，都离不开理性和感情。

所谓理性，是指理性思维、理性认识。《现代汉语词典》的解释是："认识的高级阶段。在感性认识的基础上，把所获得的感觉材料，经过思考、分析，加以去粗取精、去伪存真、由此及彼、由表及里的整理和改造，形成概念、判断、推理。"①理性思维的目的是把一件事以及和它密切相关的基本概念搞清楚，然后才谈得上正确的做事方法和路径，才可能把一件事做好。如果缺乏理性，盲目做事，又怎么可能做得好呢。这似乎是再简单不过的道理，然而现实中却存不少没有搞清楚就去做的情况。譬如，对基层党组织建设而言，什么是政治，什么是马克思主义，什么是领导，什么是法治，都应该有一个准确认识。但不少人在谈这些概念时，其实并没有真的搞清楚，也就是没有得真知。如果说在过去的客观条件下，得真知难以做到，那么在今天应该可以做到。

所谓感情，是指对人的关切的心情，集中体现为对人的爱。古今中外所有先进文化都把爱放在至高无上的位置。儒家学说的核心内容是"仁"，樊迟问仁，子曰"爱人"②。鲁迅指出："这离绝了交换关系利害关系的爱，便是人伦的索子，便是所谓'纲'。""我现在心以为然的，便只是

---

① 中国社会科学院语言研究所词典编辑室编：《现代汉语词典》第 7 版，商务印书馆 2016 年版，第 800 页。
② 杨伯峻译注：《论语译注》，中华书局 2006 年版，第 146 页。

'爱'。""独有'爱'是真的。"爱是真理的内核。基层党组织聚焦于做凝聚人心民心的工作，党组织和党员、尤其是干部，要以爱心换来人心民心的凝聚。2020年11月，我应邀参加"国企党建看茅台"活动，在贵州茅台集团制酒十车间党支部看到他们源于"四渡赤水"的谐音，形成党建"四度"工作法，即思想有深度，技能有精度，服务有温度，廉洁有尺度。服务有温度就是爱心服务，他们讲了不少为员工服务的爱心故事，这样的党建就能得实效。

党章总纲提出："以改革创新精神全面推进党的建设新的伟大工程"。"得真知须有理性，得实效须有感情"，是我在基层党组织建设改革创新方面的一点体会。

本书构思后，从动笔到书稿送出版社，用了三个半月时间。这期间，除了参加法定外部董事活动和早先约定的讲课外，我几乎回绝了所有社会活动。打破已经较长时期"不开夜车"的习惯，每天凌晨即起不变，白天大部分时间用于笔耕，晚上也夜夜写上两三个小时。能够在这么短时间内完成这样一本书稿，主要得益于我近些年来讲基层党建课，制作了不少课件。虽然从课件转化为书稿，仍是一项相当艰巨的任务，有时为了某一部分结构的合理、为了一个标题准确而生动，晚上辗转反侧、不得安眠；为了一段引用更有针对性，在书橱翻上翻下、费力查找一本合适的书，再到百度上搜寻一番。但有课件作基础，毕竟和从零开始很不一样。否则，不花去大半年时间，不可能写出呈现在读者面前的这本书。

本书主要写自己的学习心得和实践感悟，积几十年基层党建的经验教训，说一些真心话。介绍自以为有效的做法，是为正在辛勤耕耘的党务工作者、尤其是基层党务工作者，提供一个前行者的借鉴；针砭时弊，则完全是希望基层党建工作做得更好，也不枉全党上上下下花了这么大的精力。

基层党组织建设的基本问题，本书都涉及了，有的展开阐述，有的则没有。没有展开的原因，或是自己没有多少想法可以奉献给读者，或是时间不够。本书除了引用习近平总书记的有关讲话内容外，还引用了不少历史文献，一是为了展现历史原貌，另是为了给有兴趣读文献的读者提供按图索骥的便利。引用尽可能不重复，但为了保持每一部分的相对完整性，难以完全避免；尽可能做到直接引用原著，但极少数引文书上和网上都没能找到，只能引用第二手资料。本书难免存在不足之处，敬请读者批评指正。

学林出版社领导主导了本书出版，编辑胡雅君做了高水平的编辑工作。家人和友人一如既往关心和支持我写作。十分感谢他们！

刘国胜

2020 年 12 月 25 日于

上海徐汇滨江中海瀛台

主要参考书目

《马克思恩格斯文集》第二卷，人民出版社 2009 年版。

《列宁专题文集：论无产阶级政党》，人民出版社 2009 年版。

李泽厚著：《中国现代思想史论》，安徽文艺出版社 1994 年版。

俞吾金著：《寻找新的价值坐标——世纪之交的哲学文化反思》，复旦大学出版社 1995 年版。

聂锦芳著：《"理解马克思并不容易！"》，陕西人民出版社 2019 年版。

薛德震著：《人的哲学论纲》，人民出版社 2005 年版。

《鲁迅全集》，人民文学出版社 2005 年版。

《毛泽东选集》第一卷，人民出版社 1991 年版。

《毛泽东选集》第四卷，人民出版社 1991 年版。

《周恩来选集》上卷，人民出版社 1980 年版。

《邓小平文选》第二卷，人民出版社 1994 年版。

《邓小平文选》第三卷，人民出版社 1993 年版。

《陈云文选》第一卷，人民出版社 1995 年版。

《习近平谈治国理政》，外文出版社 2014 年版。

《习近平谈治国理政》第二卷，外文出版社 2017 年版。

中共中央党校党章研究课题组编著：《中国共产党章程编介（从一大到十六大）》，党建读物出版社 2004 年版。

《中国共产党第十八次全国代表大会文件汇编》，人民出版社 2012 年版。

本书编写组编著：《党的十九大报告辅导读本》，人民出版社 2017 年版。

本书编写组编著：《十九大党章修正案学习问答》，党建读物出版社 2017 年版。

中共中央党史和文献研究院编：《习近平关于力戒形式主义官僚主义重要论述选编》，中央文献出版社 2020 年版。

本书编写组编写：《整治形式主义官僚主义教育读本》，中国方正出版社 2020 年版。

中共中央党史研究室著：《中国共产党历史》第一卷（1921—1949），中共党史出版社 2011 年版。

中共中央党史研究室著：《中国共产党历史》第二卷（1949—1978），中共党史出版社 2011 年版。

本书编写组编著：《学习〈中国共产党国有企业基层党组织工作条例（试行）〉》，党建读物出版社 2020 年版。

本书编写组编著：《学习〈中国共产党党支部工作条例（试行）〉》，党建读物出版社 2019 年版。

本书编写组编著：《基层服务型党组织建设工作手册：根据党的十九大精神修订》，党建读物出版社 2019 年版。

刘国胜著：《以人为本与基层党组织建设》，上海人民出版社 2007 年版。

刘国胜著：《国有企业党委（党组）领导作用论》，人民出版社 2018 年版。

刘国胜主编：《宝钢党支部建设》，上海人民出版社 2014 年版。

刘国胜主编：《宝钢领导力（修订版）》，中信出版社 2012 年版。

图书在版编目(CIP)数据

何以成为独特优势:党的基层组织建设九讲/刘国
胜著. —上海:学林出版社,2021
ISBN 978 - 7 - 5486 - 1771 - 6

Ⅰ.①何… Ⅱ.①刘… Ⅲ.①中国共产党-基层组织
—党的建设—学习参考资料 Ⅳ.①D267

中国版本图书馆 CIP 数据核字(2021)第 112344 号

责任编辑 楼岚岚 胡雅君
封面设计 今亮后声·小九

何以成为独特优势

——党的基层组织建设九讲

刘国胜 著

出 版	学林出版社	
	(200001 上海福建中路 193 号)	
发 行	上海人民出版社发行中心	
	(200001 上海福建中路 193 号)	
印 刷	上海商务联西印刷有限公司	
开 本	890×1240 1/32	
印 张	7.5	
字 数	20 万	
版 次	2021 年 7 月第 1 版	
印 次	2021 年 7 月第 1 次印刷	

ISBN 978 - 7 - 5486 - 1771 - 6/D·63

定 价 50.00 元